西安市土地利用变化及热岛效应

韩　玲　张　瑜　王晓峰　赵永华　著

科学出版社

北京

内 容 简 介

本书以城市土地利用和热岛效应为主线，利用遥感技术和 GIS 技术，对西安市地表温度进行定量反演与验证；引入移动窗口分析法，对西安市城市热岛效应边缘进行定量研究与验证，分析城市热岛效应与城市化扩张的相关关系；提出热岛分布指数，探讨西安市城市热岛效应与地表覆盖的内在分布规律以及一种城市热岛效应的综合定量评价指标；定量研究多个影响因子对城市热岛效应的贡献率大小问题；自主构建横向 GM 关联模型和改进后的纵向 UHI-G-ES 预测模型并预测西安市城市热岛效应趋势。通过土地利用变化的生态效应研究，基于元胞自动机（CA）模型对西安市建设用地进行动态模拟。

本书可供资源环境遥感、生态学、自然地理等专业的研究生和专业技术人员参考使用。

图书在版编目（CIP）数据

西安市土地利用变化及热岛效应／韩玲等著 . —北京：科学出版社，2018.4

ISBN 978-7-03-056709-3

Ⅰ.①西⋯ Ⅱ.①韩⋯ Ⅲ.①城市土地–土地利用–研究–西安②城市热岛效应–研究–西安 Ⅳ.①F299.274.11②X16

中国版本图书馆 CIP 数据核字（2018）第 043016 号

责任编辑：韩　鹏　刘浩旻／责任校对：张小霞
责任印制：肖　兴／封面设计：铭轩堂

科 学 出 版 社 出版

北京东黄城根北街 16 号
邮政编码：100717
http://www.sciencep.com

北京汇瑞嘉合文化发展有限公司 印刷
科学出版社发行　各地新华书店经销
*
2018 年 4 月第 一 版　开本：787×1092　1/16
2018 年 4 月第一次印刷　印张：10 1/4
字数：230 000

定价：98.00 元
（如有印装质量问题，我社负责调换）

前　言

当今全球化发展的进程中，快速城市化成为全球闻名进步的主要趋势之一，城市化的表现之一便是越来越多的自然景观被城市用地取而代之。城市化这一动态过程极大地改变了生态系统的结构和功能，城市生态环境也发生了剧烈变化，尤其是西部河谷城市生态脆弱性更加突出。面对资源约束趋紧、环境污染严重、生态系统退化的严峻形势，如何优化国土空间开发格局、加大自然生态系统和环境保护力度，是十八大报告中提出建设生态文明的主要任务。

西安市位于关中平原，是我国西北最大城市，也是最为典型的河谷型城市，区内由北至南地貌差异显著（高原、平原和山地）、土地覆盖/利用类型迥异。西安市是景观格局演变与生态效应研究的天然试验场。以西安市为研究区，具有典型性，研究成果可以直接指导西安市以及类似地区可持续发展的实践。

本书共8章。第1章介绍了土地利用变化的生态效应及其国内外研究进展；第2章分析了西安市城乡建设用地时空扩展模式，并对其驱动因素进行了深入研究；第3章基于元胞自动机（CA）模型对西安市建设用地进行了动态模拟；第4章利用多期遥感影像对现实地表温度进行了反演，定量探讨了地表温度和下垫面的关系；第5章基于移动窗口分析方法对西安市热岛效应的边界进行划分；第6章基于热岛分布指数对城市热岛效应进行了探析；第7章在热岛效应的影响因素分析基础上，基于灰色关联方法定量分析了热岛效应与城市化进程之间的关系；第8章基于多元模型定量预测了探讨了西安市热岛效应。

本书写作分工如下：第1章王晓峰、韩玲、勒斯木初、张明明；第2章勒斯木初、张明明、王晓峰、韩玲、王茸茸；第3章王晓峰、张明明、勒斯木初、王茸茸；第4章韩玲、赵永华、张瑜；第5章韩玲、张瑜；第6章韩玲、张瑜，第7章张瑜、韩玲，第8章张瑜、韩玲。全书由韩玲，王晓峰统稿并校稿。

由于作者水平，书中难免有不足之处，敬请读者不吝批评、指正。

韩　玲

2017 年 8 月 6 日

目　　录

第1章 绪 论

1.1 研 究 意 义

1.1.1 城市化是全球变化之一，我国处于快速城市化阶段

城市是人类活动最为密集的区域之一（Boori and Amaro, 2010）。在当今全球化发展的进程中，快速城市化和工业化被认为是 21 世纪最具影响力的社会现象之一，也是全球进入新的历史发展阶段所面临的重大挑战。城市化也称为城镇化，是指随着一个国家或地区社会生产力的发展、科学技术的进步以及产业结构的调整，其社会由以农业为主的传统乡村型社会向以工业（第二产业）和服务业（第三产业）等非农产业为主的现代城市型社会逐渐转变的历史过程。城市化过程包括人口职业的转变、产业结构的转变、土地及地域空间的变化，其主要表现之一便是越来越多的自然景观被城市用地取而代之。近年来，我国城市呈现快速增长态势（任志远等，2006；杨永春和杨晓娟，2009），正处于快速城市化和工业化阶段。研究表明，1978 ~ 2009 年我国的城镇化率由 17.92% 上升到 46.6%，年均提高 0.9 个百分点（戴均良，2010），并且，据估计，中国城镇化率到 2045 年将达到 70%，2050 年达到 73%，甚至高达 75 %（李秀彬，2009）。剖析城市化进程，解决城市化相关问题，未来关于城市化的相关研究显得尤为重要。

1.1.2 城市生态问题凸显，严重威胁城市的可持续发展

目前，城市化这一动态过程极大地改变了相关地区生态系统的结构和功能，城市生态环境也发生了剧烈变化，尤其是西部河谷城市生态脆弱性更加突出（潘竟虎和任梓菌，2012），且面临着土地资源不足和人口迅速增长的压力（任志远等，2006），以及生物多样性下降、暴雨洪水风险加大等一系列问题，严重威胁城市的可持续发展和居民的生活质量（Kong et al., 2012；Suriya and Mudgal, 2012；俞孔坚等，2012）。脆弱的生态环境、有限的自然资源、低下的生态系统服务能力与不断增长的经济社会需求是我国尤其是西部地区生态环境与社会经济之间的主要矛盾（陈宜俞，2011）。面对资源约束趋紧、环境污染严重、生态系统退化的严峻形势，如何优化国土空间开发格局、加大自然生态系统和环境保护力度，是中国共产党第十八次全国代表大会报告中提出建设生态文明的主要任务，是未来环境研究的重中之重。

1.1.3　基于土地利用格局变化的生态效应研究是解决区域可持续发展的有效途径

　　景观生态学既是学科，也是方法。景观生态学是研究在一个相当大的区域内，由许多不同生态系统所组成的整体（即景观）的空间结构、相互作用、协调功能及动态变化的一门生态学新分支。景观生态学给生态学带来新的思想和新的研究方法。随着研究的深入，复合景观生态学构成了景观生态学新的学科增长点（傅伯杰等，2008）。从"局地景观生态学研究"走向"对区域联合互动研究"是景观生态学研究的重要方向（李秀珍等，2007）。目前，不少学者引进景观生态分析方法，利用景观生态指数探索、研究了城市化进程中的区域生态景观的发展变化（潘竞虎和石培基，2008；刘沁萍等，2013），结果表明，利用景观指数能够定量分析区域内的生态景观变化情况。景观中格局与过程相互作用表现出一定的景观功能，而这种相互作用和功能表现又随时间和空间尺度的不同产生差异，景观具有多功能性，多种景观功能的协调和优化是景观管理所寻求的基本目标（Lovell et al.，2010），因此，景观多功能性和多功能景观的研究成为国际上景观综合研究的重要学科生长点之一（Wu，2012；傅伯杰等，2008），系统研究城市化发展对景观格局及其生态环境的影响，评价城市生态、生产用地的服务功效及空间演化（李锋等，2011；周忠学，2011；Strohbach and Haase，2012；Kadish and Netusil，2012），从景观格局角度揭示城市热岛效应、生态用地流失、生态服务功能演化和区域生态安全耦合等系列问题，探讨不同城市功能区生态空间优化模式，对于城市健康发展与区域生态安全具有重要意义。

1.1.4　西安市是我国西北最大的城市，具有典型性

　　西安市位于关中平原，南承秦岭山地，北接黄土高原，属暖温带半湿润大陆性季风气候，冷暖干湿四季分明，是我国西北最大城市，区内河网密集，也是最为典型的河谷型城市，西安市境内海拔高度差异悬殊位居全国各城市之冠，区域内由北至南是3个地貌差异显著、土地覆盖/利用类型迥异的典型地区。近30年来，随着社会经济的快速发展，以及"家庭联产承包""西部大开发""退耕还林还草""城镇化""一线两带"，和"大关中经济圈"等战略与政策的实施，区域景观变化剧烈（郝慧梅和任志远，2009）。由于城市主体发育既受到周边山脉的限制，又受到谷内河流的分割，其地域空间狭窄且完整性差，受到河谷地形及其周围山地或丘陵较为强烈的直接限制。社会经济发展和人口规模的扩大对该区不同空间的土地利用产生了深刻而有差别的影响（潘竞虎，2011），并产生了严重的生态问题（Zhao et al.，2009；王新杰等，2010）。尤其是为了建设国际化大都市，西安市由原来传统的农业城市发展到基本成熟的城市化地区。同时，为了改善环境，西安市加大了生态建设力度。西安市是景观格局演变与生态效应研究的天然试验场。以西安市为研究区，其具有典型性，研究成果可以直接指导西安市和类似地区可持续发展的实践。

1.2 国内外研究进展

1.2.1 城市化过程对土地利用格局变化的影响

城市是以人类活动为主导的社会−经济−自然复合生态系统（王如松，2009）。城市化是一种强烈的地表人类活动过程，与资源、环境和生态之间相互耦合、相互制约（李双成等，2009）。城市景观的研究主要集中在城市景观格局、动态变化及其驱动机制方面等（张振龙等，2009）。主要集中在以下三方面：

1）基于遥感影像解译与景观制图分析，利用 Fragstats、Patch 等景观统计模型，比较不同时期景观格局指数的差异，以及城市景观格局变化的影响因子成为常用的手段（Wu，2010；张金兰等，2010）。然而，由于缺乏对景观格局与生态过程之间关系的深刻理解，很容易发生景观格局指数误用或滥用的情况（吕一河等，2007）。

2）城市景观格局演变与空间扩展模式研究（Buyantuyev et al.，2010；周锐等，2011；姚士谋等，2009；刘小平等，2009）。Dietzel 等（2005）认为城市空间扩张可分为外部发散和内部填充两个阶段；新城市主义将城市的发展总结为填充式开发、再开发，以及新的生长区和卫星城（唐相龙，2008；张振龙等，2009）；Camagni 等（2012）指出城市空间扩展的类型有 5 类：填充、外延、沿交通线开发、蔓延和卫星城市。顾朝林和陈振兴（1994）认为中国城市的空间扩展主要有轴向扩展和外向扩展两种形式，分为圈层式、"飞地"式、轴间填充式和带状扩展式几个阶段；刘纪远等（2003）认为城市用地空间扩展类型有填充型、外延型、廊道型和卫星城型。总体来看，对城市景观演变模式的研究比较充分，但关注重点建设用地扩展模式，缺乏对生态用地等景观类型演变的研究。

3）景观格局变化驱动力研究是理解人类活动与景观格局演化关系的基础。城市化过程中，人类活动对土地资源的干扰往往表现为从低缓平原向高海拔陡峻山地递减的趋势（卜心国，2008），并且不同用地类型在城市化过程中所受到的空间胁迫不同，城市扩张既受到了空间可达性的约束，也受到了社会经济因素的影响，如人口、经济、土地政策等（杨叶涛，2010）。自 20 世纪末景观格局演变驱动因子研究成为热点以来，已经积累了大量的案例研究素材（Li et al.，2013；Schneeberger et al.，2007）。但由于其问题导向型的特征，学者在研究时大多拘泥于个案本身，既缺乏对某一类相似景观格局变化驱动力的归纳，也较少进行跨时空对比，对于主导驱动力的时间尺度和空间尺度效应，尤其是主题尺度效应的关注不足，并且对于驱动因子识别和驱动机制的研究尚没有形成相对成熟的研究范式。驱动因子的识别多以定性描述为主，定量分析相对缺乏，且主要以相关关系分析为手段（吴健生等，2012）。加强多学科综合是景观格局驱动力研究的必然趋势（李秀彬，2009）。

1.2.2 土地利用格局变化的生态效应进展

城市人口大量增加和工业生产规模化集中，导致城市不透水面增加、内涝加剧、热岛效应增强、城市湿地面积急剧缩小、生物多样性丧失，特别是严重影响了生态系统为人类北麓，北临渭河和黄土高原，地势南高北低。西安市属于东亚暖温带大陆季风性气候，四季冷暖、干湿分明，≥10℃积温为4400℃，年平均气温为6.4～14.9℃，年平均降水量为743.7 mm，平均蒸发量为898.9 mm，年平均相对湿度为70%～73%，全年日照时数为1983.4～2267.3 h。北部平原以耕地、园地、城镇建设用地和文物遗址保护用地为主，占市域土地总面积的45.4%，土地利用效益较高。南部秦岭山地以林地、草地、未利用土地为主，占市域土地总面积的54.6%，是全市的自然生态保护用地。

参 考 文 献

卜心国, 王仰麟, 沈春竹, 等, 2008. 深圳市地形对土地利用动态的影响. 地理研究, 28 (04): 1011-1021.

陈百明, 张凤荣. 2011. 我国土地利用研究的发展态势与重点领域地理研究, 30 (1): 1-9.

陈辉, 古琳, 黎燕琼, 等. 2009. 成都市城市森林格局与热岛效应的关系. 生态学报, 29 (9): 4865-4874.

陈宜俞. 2011. 中国生态系统服务与管理战略. 北京: 中国环境科学出版社.

戴均良, 高晓路, 杜守帅, 2010. 城镇化进程中的空间扩张和土地利用控制. 地理研究, 29 (10): 1822-1832.

冯晓刚, 石辉. 2012. 西安城市热环境格局的动态演变. 生态学杂志, (11): 2921-2925.

冯彦, 康斌, 杨丽萍. 2012. 将被广泛接受的指标作为河流健康评价关键指标的可行性分析 (英文). Journal of Geographical Sciences, (1): 46-56.

傅伯杰, 吕一河, 陈利顶, 等. 2008. 国际景观生态学研究新进展. 生态学报, (2): 798-804.

顾朝林, 陈振光. 1994. 中国大都市空间增长形态. 城市规划, 18 (6): 45-50.

郝慧梅, 任志远. 2009. 基于栅格数据的陕西省人居环境自然适宜性测评. 地理学报, (4): 498-506.

角媛梅. 2009. 哀牢山区梯田景观多功能的综合评价. 云南地理环境研究, 20 (6): 7-10.

李迪华, 王春连. 2012. 国土生态安全格局底线. 城市空间设计, (3): 6-9.

李锋, 叶亚平, 宋博文, 等. 2011. 城市生态用地的空间结构及其生态系统服务动态演变——以常州市为例. 生态学报, (19): 5623-5631.

李双成, 刘金龙, 张才玉, 等. 2011. 生态系统服务研究动态及地理学研究范式. 地理学报, 66 (12): 1618-1630.

李双成, 赵志强, 王仰麟. 2009. 中国城市化过程及其资源与生态环境效应机制. 地理科学进展, 28 (1): 63-70.

李秀彬. 2009. 对加速城镇化时期土地利用变化核心学术问题的认识. 中国人口资源与环境, 19 (5): 1-5.

李秀珍, 胡远满, 贺红士, 等. 2007. 从第七届国际景观生态学大会看当前景观生态学研究的特点. 应用生态学报, 18 (12): 2915-2916.

刘纪远, 王新生, 庄大方, 等. 2003. 凸壳原理用于城市用地空间扩展类型识别. 地理学报, 58 (6): 885-892.

刘某承, 李文华, 谢高地. 2010. 基于净初级生产力的中国生态足迹产量因子测算. 生态学杂志, 29 (3): 592-597.

刘沁萍, 杨永春, 田洪阵. 2013. 基于景观生态视角的兰州市城市化空间模式定量研究. 干旱区资源与环境, 27 (1): 1-4.

刘小平, 黎夏, 陈逸敏, 等. 2009. 景观扩张指数及其在城市扩展分析中的应用. 地理学报, 64 (12):

1430-1438.

刘摇莉.2011.以多功能为目标的森林模拟优化系统（FSOS）的算法与应用前景.应用生态学报，22（11）：3067-3072.

陆大道.2011.人文–经济地理学的方法论及其特点.地理研究，30（3）：387-396.

吕一河，陈利顶，傅伯杰.2007.景观格局与生态过程的耦合途径分析.地理科学进展，（3）：1-10.

潘竟虎，石培基.2008.河谷型城市城乡交错带景观格局空间特征分析——以兰州市安宁区为例.西北师范大学学报：自然科学版，44（2）：103-107.

潘竟虎，任梓菌.2012.基于景观格局和土壤侵蚀敏感性的兰州市生态脆弱性评价.土壤，44（6）：1015-1020.

潘竟虎.2011.兰州市景观生态格局热环境效应研究.兰州大学博士学位论文.

任志远，李晶，王晓峰.2006.城郊土地利用变化与区域生态安全动态.北京：科学出版社.

石龙宇，崔胜辉，尹锴，等.2010.厦门市土地利用/覆被变化对生态系统服务的影响.地理学报，65（6）：708-714.

史培军，宋长青，景贵飞.2002.加强我国土地利用/覆盖变化及其对生态环境安全影响的研究.地球科学进展，17（2）：161-168.

宋志军，刘黎明，2011.北京市城郊农业区多功能演变的空间特征.地理科学，（4）：427-433.

唐相龙.2008.新城市主义及精明增长之解读.城市问题，1：87-90.

王如松.2009.弘扬生态文明深化学科建设.生态学报，29（3）：1055-1067.

王晓峰.2009.榆林市土地生态系统服务功能价值测评.地球科学与环境学报，31（3）：302-305.

王新杰，薛东前，延军平，等.2010.西安市城市化与生态环境动态关系分析.地球与环境，（1）：43-48.

吴健生，王政，张理卿，等.2012.景观格局变化驱动力研究进展.地理科学进展，31（12）：1739-1746.

肖笃宁，李秀珍.1997.当代景观生态学的进展和展望.地理科学，17（4）：356-364.

谢苗苗，王仰麟，付梅臣.2011.城市地表温度热岛影响因素研究进展.地理科学进展，30（1）：35-41.

杨永春，杨晓娟.2009.1949~2005年中国河谷盆地型大城市空间扩展与土地利用结构转型——以兰州市为例.自然资源学报，（1）：37-49.

姚士谋，陈爽，吴建楠，等.2009.中国大城市用地空间扩展若干规律的探索.地理科学，29（1）：15-21.

俞孔坚，李海龙，李迪华，等.2009.国土尺度生态安全格局.生态学报，29（10）：5163-5175.

俞孔坚，王思思，李迪华.2012.区域生态安全格局：北京案例.北京：中国建筑工业出版社.

俞孔坚，王思思，乔青.2010.基于生态基础设施的北京市绿地系统规划策略.北京规划建设，（3）：54-58.

袁艺，史培军，刘颖慧，等.2003.土地利用变化对城市洪涝灾害的影响.自然灾害学报，（3）：6-13.

张金兰，欧阳婷萍，朱照宇，等.2010.基于景观生态学的广州城镇建设用地扩张模式分析.生态环境学报，（2）：410-414.

张盼盼，胡远满.2008.多功能景观研究进展.安徽农业科学，36（28）：12454-12457.

张润森，濮励杰，文继群，等.2012.建设用地扩张与碳排放效应的库兹涅茨曲线假说及验证.自然资源学报，27（5）：723-733.

张振龙，顾朝林，李少星.2009.1979年以来南京都市区空间增长模式分析.地理研究，（3）：817-828.

甄霖，魏云洁，谢高地，等.2010.中国土地利用多功能性动态的区域分析.生态学报，30（24）：6749-6761.

周华荣. 2005. 干旱区湿地多功能景观研究的意义与前景分析. 干旱区地理, 28 (1): 16-20.

周锐, 苏海龙, 胡远满, 等. 2011. 不同空间约束条件下的城镇土地利用变化多预案模拟. 农业工程学报, 27 (3): 300-308.

周忠学. 2011. 城市化对生态系统服务功能的影响机制探讨与实证研究. 水土保持研究, 18 (5): 32-38.

Alberti M. 2005. The effects of urban patterns on ecosystem function. International Regional Science Review, 28 (2): 168-192.

Assessment M E. 2003. Ecosystem and Human Well-Being. Washington D C: Island Press.

Boori M S, Amaro V E. 2010. Land use change detection for environmental management: using multi-temporal, satellite data in the Apodi Valley of northeastern Brazil. Applied GIS, 6 (2): 1-15.

Boumans R, et al. 2002. Modeling the dynamics of the integrated earth system and the value of global ecosystem services using the GUMBO model. Ecological Economics. 41 (3): 529-560.

Buyantuyev A, Wu J, Gries C. 2010. Multiscale analysis of the urbanization pattern of the Phoenix metropolitan landscape of USA: time, space and thematic resolution. Landscape and Urban Planning, 94 (3-4): 206-217.

Camagni R, Gibelli M C, Rigamonti P. 2002. Urban mobility and urban form: the social and environmental costs of different patterns of urban expansion. Ecological Economics, 40 (2): 199-216.

Caradot N, Granger D. 2011. Urban flood risk assessment using sewer flooding databases. Water Science and Technology, 64 (4): 832-840.

Chadwick M A, Dobberfuhl D R, Benke A C, et al. 2006. Urbanization affects stream ecosystem function by altering hydrology, chemistry, and biotic richness. Ecological Applications, 16 (5): 1796-1807.

Chang C R, et al. 2007. A preliminary study on the local cool-island intensity of Taipei city parks. Landscape and Urban Planning. 80 (4): 386-395.

Deyong Y, Hongbo S, Peijun S, et al. 2009. How does the conversion of land cover to urban use affect net primary productivity? A case study in Shenzhen city, China. Agricultural and Forest Meteorology, 149 (11): 2054-2060.

Dietzel C, Herold M, Hemphill J J, et al. 2005. Spatio-temporal dynamics in California's Central Valley: empirical links to urban theory. International Journal of Geographical Information Science, 19 (2): 175-195.

Imhoff M L, Zhang P. 2010. Remote sensing of the urban heat island effect across biomes in the continental USA. Remote Sensing of Environment, 114 (3): 504-513.

Jusuf S K, et al. 2007. The influence of land use on the urban heat island in Singapore. Habitat International, 31 (2): 232-242.

Kadish J, Netusil N R. 2012. Valuing vegetation in an urban watershed. Landscape and Urban Planning, 104 (1): 59-65.

Kong F, Yin H, Nakagoshi N, et al. 2012. Simulating urban growth processes incorporating a potential model with spatial metrics. Ecological Indicators, 20: 82-91.

Li JJ, et al. 2009. Remote sensing evaluation of urban heat island and its spatial pattern of the Shanghai metropolitan area, China. Ecological Complexity. 6 (4): 413-420.

Li X, Zhou W, Ouyang Z. 2013. Forty years of urban expansion in Beijing: what is the relative importance of physical, socioeconomic, and neighborhood factors? Applied Geography, 38 (0): 1-10.

Liu J, Dietz T, Carpenter S R, et al. 2007. Complexity of coupled human and natural systems. Science, 317 (5844): 1513-1516.

Lovell S T, Johnston D M. 2009. Designing Landscapes for Performance Based on Emerging Principles in Landscape Ecology. Ecology and Society, 14 (1): 44.

Lovell S T, Nathan C A, Olson M B, et al. 2010. Integrating agroecology and landscape multifunctionality in Vermont: an evolving framework to evaluate the design of agroecosystems. Agricultural Systems, 103 (5): 327-341.

Ma Y, et al. 2010. Coupling urbanization analyses for studying urban thermal environment and its interplay with biophysical parameters based on TM/ETM+ imagery. International Journal of Applied Earth Observation and Geoinformation. 12 (2): 110-118.

Nuissl H, Haase D. 2009. Environmental impact assessment of urban land use transitions—A context-sensitive approach. Land Use Policy, 26 (2): 414-424.

Onishi A, Cao X. 2010. Evaluating the potential for urban heat-island mitigation by greening parking lots. Urban Forestry & Urban Greening, 9 (4): 323-332.

Papangelis G. 2011. An urban "green planning" approach utilizing the Weather Research and Forecasting (WRF) modeling system. A case study of Athens, Greece. Landscape and Urban Planning, 105 (1-2): 174-183.

Pauleit S, Ennos R, Golding Y. 2005. Modeling the environmental impacts of urban land use and land cover change—a study in Merseyside, UK. Landscape and Urban Planning, 71 (2): 295-310.

Şahin Ş, Bekişoğlu Ü. 2009. Landscape planning and management strategies for the Zir Valley, near Ankara, Turkey. Environmental Geology, 57 (2): 297-305.

Schneeberger N, Bürgi M, Hersperger A M, et al. 2007. Driving forces and rates of landscape change as a promising combination for landscape change research—an application on the northern fringe of the Swiss Alps. Land Use Policy, 24 (2): 349-361.

Stockdale A, Barker A. 2009. Sustainability and the multifunctional landscape: an assessment of approaches to planning and management in the Cairngorms National Park. Land Use Policy, 26 (2): 479-492.

Strohbach M W, Haase D. 2012. Above-ground carbon storage by urban trees in Leipzig, Germany: Analysis of patterns in a European city, Landscape and Urban Planning, 71 (2): 295-310.

Sun R, Chen A, Chen L, et al. 2012. Cooling effects of wetlands in an urban region: the case of Beijing. Ecological Indicators, 20: 57-64.

Suriya S, Mudgal B. 2012. Impact of urbanization on flooding: the Thirusoolam sub watershed—a case study. Journal of Hydrology, 412: 210-219.

Tian H, Chen G, Liu M, et al. 2010. Model estimates of net primary productivity, evapotranspiration, and water use efficiency in the terrestrial ecosystems of the southern United States during 1895-2007. Forest Ecology and Management, 259 (7): 1311-1327.

Vitousek P M, Mooney H A, Lubchenco J, et al. 1997. Human domination of Earth's ecosystems. Science, 277 (5325): 494-499.

Voinov A, Farley J. 2007. Reconciling sustainability, systems theory and discounting. Ecological Economics. 63 (1): 104-113.

Wu J. 2010. Urban sustainability: an inevitable goal of landscape research. Landscape Ecology, 25 (1): 1-4.

Wu J. 2012. Key concepts and research topics in landscape ecology revisited: 30 years after the Allerton Park workshop. Landscape Ecology, 28 (1): 1-11.

Xiao R B, et al. 2007. Spatial pattern of impervious surfaces and their impacts on land surface temperature in Beijing, China. Journal of Environmental Sciences. 19 (2): 250-256.

Xu C, Li Y, Hu J, et al. 2012. Evaluating the difference between the normalized difference vegetation index and net primary productivity as the indicators of vegetation vigor assessment at landscape scale. Environmental Monitoring and Assessment, 184（3）: 1275-1286.

Zhao C, Zhang Q, Ding X, et al. 2009. Monitoring of land subsidence and ground fissures in Xian, China 2005 - 2006: mapped by SAR interferometry. Environmental Geology, 58（7）: 1533-1540.

第2章　西安市城乡建设用地时空扩展
及驱动因素研究

城镇化过程中的城乡建设用地动态演变最为显著，是土地利用变化研究的焦点之一（黄季焜等，2007；罗媞等，2014）。我国正处在城镇化快速发展时期，据联合国预测，2020年中国超过一半的人口将居住在城镇地区，2050年这一比例预计可能会达到70%左右（Grimm et al.，2008；Cohen，2004）。快速城市化进程加剧了耕地资源的流失，如沿海各省（市）2010年的土地指标在2001年已经用完（李双成等，2009），同时城镇建设用地规模在不断扩大，而农村建设用地并未按照理论预期有所减少（李效顺，2008），伴随着城乡建设用地的增加，不透水面也随之增加，城市内涝等环境问题也有所加剧。城乡建设用地内部结构和布局不尽合理，集约节约利用水平较低，城镇扩张造成的生态环境恶化等问题普遍存在（罗媞等，2014）。人多地少的基本国情决定了中国今后和未来都必须面对建设用地与耕地保护这一日趋尖锐的矛盾（黄季焜等，2007）。城乡建设用地的统筹规划与利用是实现城乡统筹的关键内容之一（Deng et al.，2010），开展区域城乡建设用地扩张的时空规律与驱动机制研究对于加深对城市化本质的理解，提高土地利用效率、合理规划区域土地利用、制定科学的土地政策，促进区域可持续发展等具有一定的现实意义。

城乡建设用地变化及驱动机制是国内外研究的热点领域（Wu et al.，2013；Montgomery，2008）。其中，城市土地利用变化与经济、人口、政策等因素的关系有着密切关注（Liu et al.，2005；Yin et al.，2011；Bbtisani and Yarnal，2009）；国内集中在城镇扩展（郗凤明等，2009；渠爱雪和仇方道，2013；刘润润等；2013）、居民点变化（田光进等，2003；周伟等，2011）和城乡建设用地增减挂钩（林国斌等，2012；王婧 et al.，2011）等方面，并且研究主要集中在北京（Li et al.，2013；Kuang et al.，2009）、上海、武汉（Wang et al.，2012）等特大城市及京津唐（Tan et al.，2005）、珠江三角洲（Ye et al.，2013）和长江三角洲（Tian et al.，2011）等东部沿海经济发达地区。由于城乡建设用地概念界定与统计口径不一致（林坚，2009），尤其是2000年以来我国大规模撤县设区，城市周边广大农村地区也纳入了市辖区范围，城市扩展与乡村城镇化同时并起，城乡界线变得模糊，以传统的二元分法不能准确地反映现代城市地域结构特征（王海鹰和张新长，2012），城乡建设用地内部结构演变以及城镇建设用地和农村居民点变化的影响因素研究尚属薄弱环节，尤其是西部城乡建设用地相关研究有所欠缺。本书从城乡统筹视角出发，基于遥感和GIS空间分析技术，在网格窗体基础上对西安市开展城乡梯度建设用地变化及驱动机制研究，旨在掌握西安市城乡梯度建设用地扩展的时空特征和总体演变规律，不仅有地域性意义，而且对全国城市，尤其是西部城市，也具有补充和指导意义。

2.1　数据来源及其处理

本书收集了30m DEM数据，西安市1∶25万行政区划图，1975年、1990年、2000

年、2005 年和 2010 年 5 个时段土地利用现状图（30m 栅格数据），其中，1975～2000 年的数据来源于中国科学院遥感与数字地球研究所，2000～2010 年的数据来源于全国生态十年环境调查评估项目组。由于数据来源不同，分类体系不尽相同，以同期不同来源的 2000 年数据为基础，结合 2000 年的遥感影像进行对比分析，合并归类得到研究时段西安市的建设用地和非建设用地（包括耕地、林地、草地、水体和未利用土地）。在 ArcGIS 9.3 平台下，通过空间叠置分析得到 1975～2010 年的西安市建设用地空间变化图。

2.2　研究方法

　　目前，描述城市扩展空间分异最常用的方法有两种，一种方法是比较分析城市扩展速度在不同空间方位上的差异（叶玉瑶等，2010）。能够在总体上勾画出城市扩展的空间形态，具有直观、简明的优点。但由于按方位划分的空间单元并不具有均等的土地面积，其扩展速度并不具有严格意义上的可比较性（刘盛和等，2000）。另一种方法是以区（县）为基本分析单元探讨不同的行政单元的空间扩展差异（汤君友和杨桂山，2004），具有明确的可比较性，但也存在过于宏观的问题，忽略了区域内部的差异。为了更客观、更细微地反映不同时期行政单元城乡建设用地空间扩展的分布特征，采用格网分割法将西安市不同时期的建设用地采用 9×9 网格窗体（0.27 km×0.27 km）网格化分割，选择建设用地扩展强度指数和建设用地密度等方法对西安市城乡建设用地进行综合分析。该方法不仅便于掌握区域内部差异，同时具有明确的行政空间概念。

2.2.1　建设用地扩展强度指数

　　"扩展指数"是探索建设用地扩展的有效方法，已被成功应用到北京市、兰州市（乔林凰等，2008）城市建设用地扩展研究，即某空间单元在研究时期内的新增建设用地占总区域的面积比，可用公式表示为

$$CEI = Sa/A \times 100\% \qquad (2.1)$$

式中，CEI 为建设用地扩展指数；Sa 为一定时期内一定范围新增建设用地面积，本书中利用 GIS 空间叠加运算得到不同时段的建设用地增加面积；A 为区域总面积，并将研究结果划分为 5 个等级，即 I 级缓慢扩展、II 级低速扩展、III 级中速扩展、V 级快速扩展和 IV 级高速扩展。

2.2.2　建设用地密度分析

　　建设用地密度指以某个像元为中心的区域网格内的建设用地像元数与总像元数的比值，该指标在城乡空间上的差异和变化可作为衡量城市局部区域发展程度的表征，并且对于衡量城市不同地区的扩展潜力有重要意义（周锐等，2009）。首先，利用 GIS 属性查询赋值功能将建设用地赋值为 1 和将非建设用地赋值为 0，其次对该数据进行矢栅转换，然后采用 9×9 网格窗体，计算任一栅格的建设密度值。根据密度水平将全区划分为 5 个等

级：Ⅰ级低密度区（0~0.2），以耕地和林地等为主；Ⅱ级较低密度区（0.2~0.4），以耕地、林地和农村居民用地为主；Ⅲ级中等密度区（0.4~0.6），以耕地、工业用地和居民用地为主；Ⅴ级较高密度区（0.6~0.8），以工业用地、居民用地、城市绿地和教育产业等为主；Ⅳ级高密度区（0.8~1），以商业用地、居民用地、城市绿地和基础设施用地为主。

2.3　建设用地扩展分析

西安市建设用地从 1975 年的 81787.3 ha 增长到 2010 年的 107171.8 ha，以 725.27 ha/a 的速度递增，35 年间共增长了 25384.5 ha。建设用地所占比重由 1975 年的 8.1% 提高到 2010 年的 10.61%，提高了 2.51%。可将研究时间划分为两个时间段，即缓慢增长阶段（1975~1990 年）和较快速增长阶段（1990~2010 年）。1975~1990 年，建设用地以 173.11 ha/a 的速率增长，而 1990 年以来，建设用地年均增长率增加到 1139.39 ha/a，尤其是 2000~2005 年以 2995.82 ha/a 的速率增长。

在研究时间段内，虽然中心城市、城镇和农村地域建设用地均呈增长态势，但仍有一定的区域差异。1975~1990 年城市、城镇和农村建设用地分别增长 938.3 ha、903 ha 和 755.4 ha，所占比重分别为 36.13%、34.77% 和 29.1%，区域建设用地扩展基本呈现均衡态势；1990~2000 年城市和城镇新增建设用地占全区新增建设用地的比例分别为 44.35% 和 40.06%，城市扩展以中心城镇扩展为主；2000~2005 年城镇新增建设用扩展迅速，城镇新增建设用地占全区新增建设用地的 48.43%，而中心城镇和农村为 33.14% 和 18.42%。2005~2010 年各区域新增建设用地扩展幅度稍有减缓，但无论是中心城市、城镇，还是农村，建设用地仍在扩展，相比较而言，农村新增建设用地所占比重高达 51.62%，如图 2.1 和图 2.2 所示。

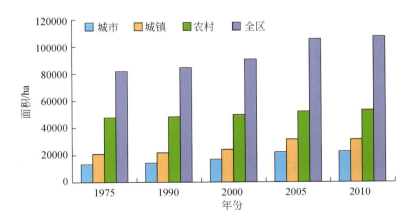

图 2.1　西安市城乡建设用地变化图

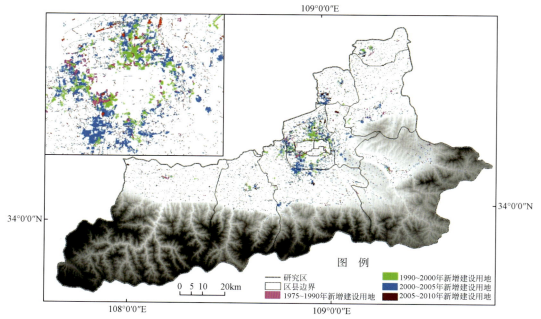

图 2.2　西安市城乡建设用地变化图

2.4　建设用地密度分析

　　2010 年西安市 I 级低密度区所占比重最大，为 85.97%；其次是高密度区和较低密度区，比重分别为 4.85% 和 4.19%；较小的是中等密度区和较高密度区，比重分别为 2.86% 和 2.13%。1975~2010 年，西安市 I 级低密度区所占比重在逐年减少，由 1975 年的 88.7% 降低到 2010 年的 85.97%，共降低了 2.73 个百分点；II 级、III 级、IV 级和 V 级密度区所占比重均在增加，其中，V 级高密度区增长较为迅速，提高了 1.81%，其次是 II 级较低密度区，这些区域远离城市和城镇中心，随着社会经济的发展，尤其是道路等交通设施的建设，极大地促进了区域发展，以乡村道路和农村宅基地为主要类型的建设用地面积大幅提高；中等密度区和较高密度区的建设用地分别增加了 1865 ha 和 1968 ha。而高密度区建设用地增长迅速，面积由 1975 年的 31082 ha 提高到 2010 年的 49664 ha，如图 2.3 所示。

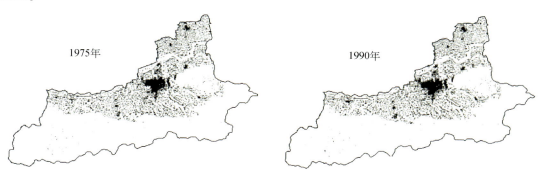

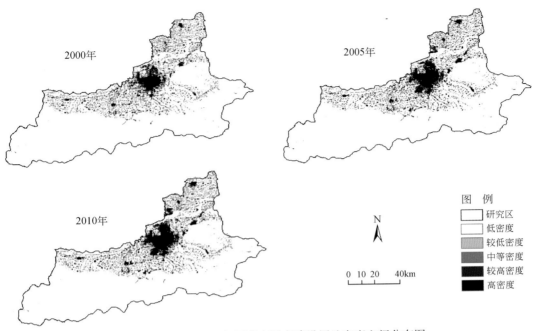

图 2.3　1975～2010 年西安市城市建设用地密度空间分布图

　　表 2.1 中中心城镇高密度建设用地由 1975 年的 9189.44 ha 增长到 2010 年的 17519.19 ha，面积增长了 8329.75 ha，所占比例由 1975 年的 33.07% 提高到 2010 年的 63.04%，提高了约 30%。从发展趋势看，西安市中心城市建设用地在 1975～1990 年期间缓慢增长，1990～2005 年间保持高速增长，2005 年以来由于非农建设用地面积继续减少等，中心城市建设用地保持相对稳定的发展态势；西安市城镇高密度建设用地由 1975 年的 9455.44 ha 增长到 2010 年的 18072.22 ha，面积增长了 8616.78 ha，所占比例由 1975 年的 10.54% 提高到 2010 年的 20.15%，提高了约 10%，尤其以长安区的韦曲镇和郭杜镇街道、灞桥区的十里铺街区和席王街道办、阎良区的凤凰路街区和新华路街道办等城镇为主；西安市 1975 年农村高密度区建设用地面积为 11998.83 ha，占农村总面积的 1.52%，2010 年为 12329.20 ha，占农村总面积的 1.52%。由此可以看出，无论是城市、城镇，还是农村，西安市各区域较高密

表 2.1　西安市 1975～2010 年城乡建设用地密度分区分级统计表

分区	密度分级	1975 年		1990 年		2000 年		2005 年		2010 年	
		面积/ha	比例/%	面积/ha	比例/%	面积/ha	比例/%	面积/ha	比例/%	面积/ha	比例/%
中心城市	Ⅰ	12921.75	46.50	12027.68	43.29	7549.20	27.17	5129.17	18.46	4744.16	17.07
	Ⅱ	2130.26	7.67	2177.21	7.84	2616.20	9.41	1657.76	5.97	1580.19	5.69
	Ⅲ	1916.44	6.90	1933.32	6.96	2344.54	8.44	1803.29	6.49	1702.89	6.13
	Ⅳ	1627.85	5.86	1642.23	5.91	2405.63	8.66	2395.06	8.62	2244.44	8.08
	Ⅴ	9189.44	33.07	10006.16	36.01	12872.28	46.32	16801.14	60.47	17516.19	63.04

分区	密度分级	1975 年		1990 年		2000 年		2005 年		2010 年	
		面积/ha	比例/%	面积/ha	比例/%	面积/ha	比例/%	面积/ha	比例/%	面积/ha	比例/%
城镇	I	62226.51	69.38	61393.47	68.45	58000.19	64.67	51121.98	57.00	51113.20	56.99
	II	7339.82	8.18	7344.41	8.19	9302.34	10.37	8441.02	9.41	8209.64	9.15
	III	5858.66	6.53	5869.69	6.54	6635.59	7.40	6707.55	7.48	6557.78	7.31
	IV	4809.09	5.36	4811.79	5.36	5004.56	5.58	5842.28	6.51	5735.81	6.40
	V	9455.44	10.54	10269.17	11.45	10747.87	11.98	17574.37	19.60	18072.22	20.15
农村	I	820724.70	91.89	819844.39	91.79	7549.20	27.17	812875.90	91.01	812455.58	90.97
	II	27708.30	3.10	27816.52	3.11	2616.20	9.41	33434.80	3.74	32756.30	3.67
	III	19445.85	2.18	19582.79	2.19	2344.54	8.44	20935.92	2.34	20739.68	2.32
	IV	13257.06	1.48	13417.36	1.50	2405.63	8.66	13560.55	1.52	13579.04	1.52
	V	11998.83	1.34	12473.81	1.40	12872.28	46.32	12329.20	1.38	13602.88	1.52

度和高密度建设用地均在不同程度增加，其中，城市和城镇增加幅度较大，相反，低密度建设用地在不断减少，说明该区域城市向高密度集约利用方向发展。

2.5 驱动因素分析

建设用地扩张是复杂、系统的过程，受许多不确定性因素的影响（黄季焜等，2007；林坚，2009）。众多学者从经济发展、人口增长、国家政策、区域发展规划等方面探讨了建设用地扩张的基本驱动因子（Cai et al.，2012；Angel et al.，2011），并认为城市规划对城市土地利用变化起着决定作用，引导了整个城市的演化过程，也决定了城市发展模式（李开宇等，2011），同时，国家城市发展政策和投资导向等也起着关键作用。在实际调查的基础上，结合相关数据，表明地形地貌、人口、社会经济、交通、文教产业，以及文化遗迹保护与发展和城中村改造等因素对西安市建设用地扩展有着明显的作用。

2.5.1 自然因素

地形地貌是自然因素中一个非常重要的因素，该因素对建设用地的布局及其发展有着明显的制约因素，并且这种限制作用将形成特殊的城市空间发展格局。西安市是我国典型的西部河谷型城市，处于秦岭山地和渭北黄土高原之间，城市布局与发展明显受到地形的严重制约，西安市南侧边缘秦岭北坡明显的地形起伏是城市扩展的天然屏障，城市扩展空间有限。东南侧狄宅塬、白鹿塬、灞陵塬和神禾塬等台塬防范分布，仅有零星建设用地。渭河从西安市北缘而过，但由于预防洪涝等危害及水资源安全等因素，目前西安市建设用地主要分布在 350~500m 渭河二级阶地范围，并且沿着河谷发展，如图 2.2 和图 2.4 所示。

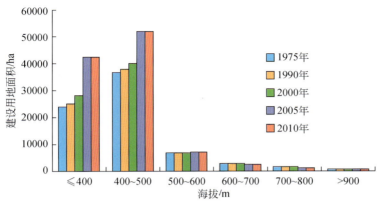

图 2.4　西安市不同海拔建设用地时空分布

2.5.2　人口因素

人口增长对建设用地扩展具有显著的刺激作用。城市用地规模应与人口数量和经济发展水平相适应。人口数量不断增加推动着房地产、工业和交通运输等产业的发展，进而推动市区和农村建设用地的扩展。西安市作为我国西北地区快速城市化的典型地区之一，也是关中平原城市群最具有代表性的城市之一，伴随着区域城市化与工业化的快速推进，城市人口数量剧增，西安市人口呈线性增长，如图 2.5 所示，总人口从 1975 年的 261.38 万人增加到 2011 年的 846 万人，住房和其他公共用地需求增加，结果也促进了建设用地逐渐迅速扩展，二者具有较好的正相关性（图 2.5）。1990 年之前，西安市建设用地扩展主要受人口增长的影响，但随着社会经济的影响，人口影响程度在降低，但人口仍然是一个不可忽视的重要因素。

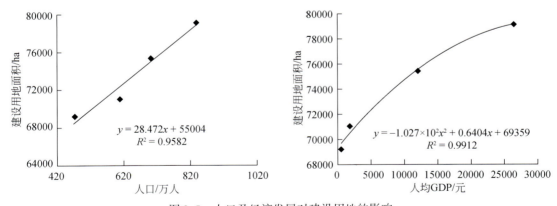

图 2.5　人口及经济发展对建设用地的影响

2.5.3　经济因素

经济发展是建设用地增加的主要动力之一，由于经济发展（尤其是工业和服务业）需要大量基础设施和配套的服务设施，城镇化水平还不高，土地利用比较粗放，相应地促进了人均建设用地的增加。西安市位于西部欠发达地区，相对于全国而言，社会经济发展缓慢，统计表明，1985 年之前，人均 GDP 不足 1000 元。改革开放以来，尤其是 1990 年以来，西安市社会经济才得以快速发展，人均 GDP 由 1990 年的 1950 元增长到 2010 年的 45475 元，20 年间增长了 22.3 倍。1975 年以来，人均 GDP 以年平均 11.62% 的速度增长，建设用地以 35% 的速率扩展。结果表明，人均 GDP 对建设用地有着非常重要的影响，并且随着经济能力提升，影响程度将会继续扩大。

2.5.4　教育产业的发展对建设用地的影响

由于历史原因，以及教育均衡发展和教育辐射带动经济发展等因素，陕西是我国重要的高等教育基地，高等教育是陕西最具有特色的优势资源之一。自 1978 年以来，西安市拥有西北大学、西安交通大学等高等院校 30 多所，是我国高校集中的城市之一，并主要集中分布在西安市南郊的雁塔区和南二环周边地带，对该地区建设用地扩展具有明显的带动作用。经过几十年的发展，职业学校和民办高校在西安市有了较大的发展。随着教育改革力度加大，发展迅速，由于地价、发展空间等因素的制约，高校在西安市区内已难以找到良好的发展用地，部分高校依托西安市南部文教区、高新技术开发区，向长安县等周边区（县）扩展，尤其是 1999 年国家实行高等教育扩招以来，各高校纷纷扩建新的校舍，其中，在长安区郭杜镇街道、未央区草滩、户县和临潼区形成高校集中分布地区。据不完全统计，1975 年西安市拥有 35 家高校，共 36 个校园，校园总面积为 1746.84 ha，2010 年西安市高校个数发展到 72 个、有 114 个校园，校园总面积为 5794.2 ha，如图 2.6 所示。高校本身的发展对城市建设用地的扩展有着极强的影响。更为重要的是，高校拥有众多的人口、优美的环境和各种健全的娱乐设施，对城市建设用地的扩展有着极强的辐射作用，其周边建设用地扩张极为明显。例如，郭杜镇街道大学城最初在孤立的农村地带建立，经过十多年的发展，其周边形成了规模宏大的商业、居住中心。

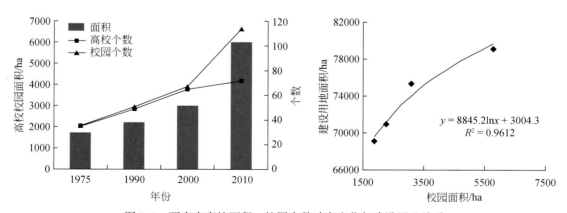

图 2.6　西安市高校面积、校园个数动态变化与建设用地关系

2.5.5　交通条件对建设用地的影响

城市沿着公路、铁路等主要交通干线发展是城市发展的一大特点，西安市也不例外。西安市作为陕西省的省会，公路网四通八达，比较密集。西宝高速公路是西安连接宝鸡及陕西西部的重要交通要道，西万公路是西安通往陕西南部的枢纽，西铜公路使得西安与陕北有了快捷的联系，另外，西临公路连接了陕西东部地区，密集的公路网有力地推进了城市的扩展，使城市的面积有了很大的增加。对比发现，西安的西北、西南和北部的城市发展与西宝高速公路、西万公路和西铜公路是有很大关系的。另外，绕城高速公路对西安郊区的发展也起到了很大的推动作用。在城市内部，始建于 1993 年 "八五" 期间的二环路，有效地缓解了莲湖路、环城南路等城市主干道的交通压力，成为城市内车流、物流的主要通道和城市新的绿色环带。2000 年已建通车的西安城市三环路和绕城高速不仅是城镇间的高速公路，并向城市组团内部的快速路转化，并兼有过境交通的功能。研究表明，随着与主要交通干线距离的增大，西安市其他土地类型向建设用地的转变呈现出明显的下降趋势，这表明建设用地的扩展与交通条件密切相关，密集的交通网有力地推进了城市化进程，使得城市规模有了很大发展，但同时也使得耕地等非建设用地大量流失。

2.5.6　城中村的发展及改造

伴随我国区域社会经济的发展，城市作为区域内政治、经济、文化中心，其规模在不断扩张。这种迅速扩张使大村庄被包围在城市建成区内，形成城中村（Zhang and Zhao, 2007）。至 20 世纪 90 年代中后期，"城中村" 便已成为我国城市化进程中的普遍现象。西安是一座古城，由于城墙相隔，农村包围城市的格局比其他城市明显，但随着西安城市化提速，建成区急剧向外扩张，在老城区外形成了城市、农村混居的局面。目前，西安市的城中村共计 326 个村，各类土地 1.44 万 ha，其特点是总体分布比较散，但又相对比较集中，一半以上的城中村分布在西安市的二环以外、三环以内区域，二环以内的老城区就有 57 个（洪增林，2010）。该地带在 2000 年之前，以村民住房为主呈现低密度面上迅速扩张。随着用地矛盾紧张，以及社会、经济发展协调发展，城中村改造迫在眉睫。2002 年西安市开始 143 个城中村改造工作，基本完成二环路内 72 个城中村（占地 0.15 万 ha）改造工作。截至 2009 年年底，共完成 98 个整村 1800 万 m² 的拆除工作（汤君友和杨桂山，2004）。城中村改造等措施，是通过填充方式促进中心城市低密度建设用地向高密度集约用地方向发展；郭杜镇街道以茅坡村为中心建立大学城，是典型的农村城镇化地带。

2.5.7　历史文化遗迹对建设用地影响分析

西安市是一个文化古都，有着深厚的历史文化积淀和文化遗迹。20 世纪 90 年代初基于保护的需要，城市空间发展发生了巨大的变化。90 年代之前，因考虑到汉长安城和大明宫遗址，以及曲江遗址的保护等因素，这些地区未纳入城市的发展规划中，2000 年以来，北二环地带和大雁塔周边仍然是一片农田。从西安城市发展现状来看，旧城区建筑密度高，唐大明宫、大雁塔、小雁塔等遗址，以及文物建筑的保护和与周围环境的协调日趋困难。随着城北经济技术开发区、城南高新技术开发区的建设，以及 50 年代初建的城南文教区、城东城西两大区域的不断更新和拓展，城市迅速向外扩张和发展。历史文化遗迹的保护与发展问题迫在眉睫。2000 年以来，随着大雁塔文化广场，以及曲江遗址公园、大明宫遗址公园等的开发建设，西安市历史文化遗迹保护将从单纯的圈地保护发展到开发建设与保护阶段，加快了西安市建设用地的扩展，尤其是北二环西北地带建设用地的增长使其建筑密度不断变大。

2.5.8 水体等湿地景观对城市发展的影响

随着城市扩展，城市问题日益突出，城市湿地系统是城市景观的主要类型，在维持和改善城市生态环境中起着极为重要的作用，并且选择在湿地周边及其附近居住、工作成为城市人口的理想需求，这一需求将成为建设用地扩张的辐射极点。西安市地处西北内陆，是典型的内陆型城市，干旱缺水，城市发展明显受到湿地景观的制约和吸引。随着护城河清理，浐灞生态园、世博园、环城公园的建设和曲江公园的开发建立，以及未央湖的修建等以水域为主的湿地环境的扩建和湿地景观的扩展，其周边成为居住的理想环境，进而引发以住房为代表的建设用地的增加，成为城市增长极（张王定，2011）。自古以来，西安市就具有八水绕长安的说法，其中，渭河是横贯关中平原的一条重要的河流，关中城市群紧密分布在渭河沿岸，在过去的几十年中，渭河西安段的污染对城市扩展有着一定的制约作用。陕西省政府于2008 年规划、预计在 2015 年全部建成的调水工程实施（侯甬坚，2012），以及渭河水污染等工程的治理，将极大地改善渭河河道的生态环境，将在未来形成新的城市增长极。

2.6 本 章 小 结

1）西安市建设用地面积增长较多，新增建设用地 25384.5 ha。其中，中心城市和城镇建设用地增长迅速，西安市建设用地密度不断变大，其中，中心城市建设用地集约节约程度较高，相较于城镇和农村建设用地密度较低，土地利用程度有待于提高。

2）西安市建设用地扩展是多因素综合作用的结果，首先，在宏观尺度上，建设用地受到地形限制明显，建设用地主要集中分布在低地形区位，并且呈现缓慢向较高的山地和向较低的河谷地带扩展；其次，人口规模和人均 GDP 对西安市建设用地的扩张影响巨大，人均 GDP 变动 1 个单位，建设用地将同向变动 3 个单位。在景观尺度上，教育产业、道路交通和湿地公园等因素对建设用地具有明显的刺激作用，其中，教育产业更为明显，众多高校新校园在西安市各郊县的扩建，激发了西安市建设用地急速由内向外扩展的态势。

3）与北京市、上海市等东部沿海城市相比较，西安市城市建设有明显趋同趋势。为了避免同质化、控制城市无限蔓延，这要求管理者在满足当前城市规模扩展的前提下，以突出历史文化名城风景区域资源特色为重点，防止历史文化遗迹过度开发建设；切实加强秦岭北麓森林带和渭河湿地等重要城市生态屏障保护和建设，强调城市生态安全建设，提高城市生态活力；以城市建设用地利用效率为导向，加强城市土地科学规划，避免城市周边优质耕地资源大量流失和对生态保护资源的过度侵占。

　　4）西安市村庄集中分布在渭河关中平原，随着农村经济的发展和农民收入水平的提高，尽管农村建设用地所占比重略有下降，但农村建设用地增长幅度持续上升，农村建设用地外扩内空现象日益严重，严重威胁着我国的耕地保护与粮食安全，因此，建议管理部门统筹城乡协调发展，优化城乡土地资源配置。

参 考 文 献

洪增林 . 2010. 城中村改造模式及效益研究——以西安市城中村改造为例 . 西安建筑科技大学学报（自然科学版），42（3）：431-436.

侯甬坚 . 2012. 西安城市生命力的初步解析 . 江汉论坛，43（1）：13-18.

黄季焜，朱莉芬，邓祥征 . 2007. 中国建设用地扩张的区域差异及其影响因素 . 中国科学（D 辑：地球科学），37（9）：1235-1241.

李开宇，张艳芳，杨青生 . 2011. 基于 CA 模型的西安城市空间扩展模拟及误差分析 . 测绘科学，36（05）：106-108.

李双成，赵志强，王仰麟 . 2009. 中国城市化过程及其资源与生态环境效应机制 . 地理科学进展，28（1）：63-70.

李效顺，曲福田，郭忠兴 . 2008. 城乡建设用地变化的脱钩研究 . 中国人口资源与环境，18（5）：179-184.

林国斌，蔡为民，吴云青 . 2012. 天津市城乡建设用地增减挂钩潜力测算 . 中国土地科学，26（6）：68-72.

林坚 . 2009. 中国城乡建设用地增长研究 . 北京：商务印书馆 .

刘润润，胡业翠，郑新奇，等 . 2013. 北京市城镇扩张的道路网络影响分析 . 中国土地科学，27（3）：64-70.

刘盛和，吴传钧，沈洪泉 . 2000. 基于 GIS 的北京城市土地利用扩展模式 . 地理学报，55（4）：407-416.

罗媞，刘耀林，孔雪松 . 2014. 武汉市城乡建设用地时空演变及驱动机制研究——基于城乡统筹视角 . 长江流域资源与环境，23（4）：461-467.

乔林凰，杨永春，向发敏，等 . 2008. 1990 年以来兰州市的城市空间扩展研究 . 人文地理，101（3）：59-63.

渠爱雪，仇方道 . 2013. 徐州城市建设用地扩展过程与格局研究 . 地理科学，33（1）：61-68.

汤君友，杨桂山 . 2004. 基于 RS 与 GIS 的无锡市城镇建设用地扩展时空特征分析 . 长江流域资源与环境，13（5）：423-428.

田光进，刘纪远，庄大方 . 2003. 近 10 年来中国农村居民点用地时空特征 . 地理学报，58（5）：651-658.

王海鹰，张新长 . 2012. 广州市城市边缘区时空演变特征分析 . 中山大学学报（自然科学版），51（4）：134-143.

王婧，方创琳，王振波 . 2011. 我国当前城乡建设用地置换的实践探索及问题剖析 . 自然资源学报，26（9）：1453-1466.

郗凤明，贺红士，胡远满，等 . 2009. 辽宁中部城市群城市增长时空格局及其驱动力 . 应用生态学报，21（3）：707-713.

叶玉瑶，张虹鸥，刘凯，等 . 2010. 地理区位因子对建设用地扩展的影响分析——以珠江三角洲为例 . 地理科学进展，11（29）：1433-1441.

张王定. 2011. 西安世园会是实现关中-天水经济区绿色发展的突破口. 长安学刊: 哲学社会科学版, 2 (3): 105-106.

周锐, 李月辉, 胡远满, 等. 2009. 沈阳市市区和农村建设用地时空扩展分析. 应用生态学报, 20 (10): 2446-2454.

周伟, 曹银贵, 王静, 等. 2011. 三峡库区近 30a 农村居民点格局变化与特征分析. 农业工程学报, 27 (4): 294-300.

Angel S, Parent J, Civco D L, et al. 2011. The dimensions of global urban expansion: estimates and projections for all countries, 2000-2050. Progress in Planning, 75 (2): 53-107.

Bbtisani N, Yarnal B. 2009. Urban expansion in centre county, Pennsylvania: spatial dynamics and landscape transformations. Applied Geography, 29 (2): 235-249.

Cai Y, Zhang H, Pan W, et al. 2012. Urban expansion and its influencing factors in Natural Wetland Distribution Area in Fuzhou City, China. Chinese Geographical Science, 22 (5): 568-577.

Cohen B. 2004. Urban growth in developing countries: a review of current trends and a caution regarding existing forecasts. World Development, 32 (1): 23-51.

Deng S, Mei J, Chen Q, et al. 2010. A study on urban construction land expansion based on correspondence analysis: a case study of Wuhan City, Hubei Province. Resources Science, 32 (9): 1746-1751.

Grimm N B, Faeth S H, Golubiewski N E, et al. 2008. Global change and the ecology of cities. Science, 319 (5864): 756-760.

Kuang W, Liu J, Shao Q, et al. 2009. Spatio-temporal patterns and driving forces of urban expansion in Beijing central city since 1932. Journal of Geo-information Science, 11 (4): 428-434.

Li X, Zhou W, Ouyang Z. 2013. Forty years of urban expansion in Beijing: what is the relative importance of physical, socioeconomic, and neighborhood factors. Applied Geography, 38 (0): 1-10.

Liu J, Zhan J, Deng X. 2005. Spatio-temporal patterns and driving forces of urban land expansion in China during the economic reform era. AMBIO: a Journal of the Human Environment, 34 (6): 450-455.

Montgomery M R. 2008. The urban transformation of the developing world. Science, 319 (5864): 761-764.

Tan M, Li X, Xie H, et al. 2005. Urban land expansion and arable land loss in China—a case study of Beijing-Tianjin-Hebei region. Land Use Policy, 22 (3): 187-196.

Tian G, Jiang J, Yang Z, et al. 2011. The urban growth, size distribution and spatio-temporal dynamic pattern of the Yangtze River Delta megalopolitan region, China. Ecological Modelling, 222 (3): 865-878.

Wang H, He S, Liu X, et al. 2012. Simulating urban expansion using a cloud-based cellular automata model: a case study of Jiangxia, Wuhan, China. Landscape and Urban Planning, 110 (0): 99-112.

Wu J, He C, Huang G, et al. 2013. Urban landscape ecology: past, present and future. Landscape Ecology for Sustainable Environment and Culture. Springer, 37-53.

Ye Y, Zhang H, Liu K, et al. 2013. Research on the influence of site factors on the expansion of construction land in the Pearl River Delta, China: By using GIS and remote sensing. International Journal of Applied Earth Observation and Geoinformation, 21 (0): 366-373.

Yin J, Yin Z, Zhong H, et al. 2011. Monitoring urban expansion and land use/land cover changes of Shanghai metropolitan area during the transitional economy (1979 - 2009) in China. Environmental Monitoring and Assessment, 177 (1-4): 609-621.

Zhang J, Zhao W. 2007. City village in dual-system environment: development and significance. City Planning Review, 31 (1): 63-67.

第3章 西安市城市建设用地动态模拟

城市是人类活动最为密集的区域之一（Boori and Amaro，2010）。20世纪70年代以来，城市用地迅速扩张，全球范围内城市土地的扩张速度普遍高于城市人口增长率（高金龙等，2013；Seto et al.，2011）。随着经济全球化和工业化的巨大变革（车前进等，2011），城市作为一个巨大的复杂系统，其扩张和动态演变是全球不同规模城市发展的必经过程（周国华和贺艳华，2006）。而中国作为世界上最大的发展中国家，随着人口的迅速增长，及经济的飞速发展，2011年城市人口首次超过了农村人口，城市化率达到51.3%，各种环境问题接踵而来，城市土地的开发和利用问题日益严峻（陈江龙等，2014）。现有资源的利用合理化、高效化，把握城市扩张变化特征，控制全球环境发展动态，改善生态环境与人地关系，从各个方面影响着人类与地球的和谐发展。

建设用地的扩张作为城市化的显著特征之一，是一个受到社会、经济、政治等多方面因素影响的动态过程。研究不同时间、不同地区城市建设用地蔓延的态势（陈江龙等，2014；Fang et al.，2005），深入地量化分析其驱动机制，实现预测土地利用变化及模拟将成为区域发展、规划的重要决策依据。土地利用的变化预测方向一般包括数量预测和空间预测两种。元胞自动机（cellular automata，CA）是被广泛使用的空间预测时空动态模型，而马尔可夫（Markov）模型较常用于数量上的预测。CA-Markov模型则结合两种模型的优点，能够实现对土地利用动态变化数量和空间上的预测及空间格局的模拟（Arsanjani et al.，2011）。

西安市位于关中平原，南承秦岭山地，北接黄土高原，是我国西北最大的城市，也是最为典型的河谷型城市，市内由北至南是3个地貌、土地利用类型差异显著的典型地区。近40年来，随着社会经济的快速发展，以及"西部大开发""城镇化""退耕还林还草""大关中经济圈""庭联产承包"等战略与政策的实施，区域景观发生了剧烈的变化（郝慧梅和任志远，2009），城市主体的发育会受到谷内河流的分割，同时也会受到周边山脉的限制，地域完整性差且空间狭窄，周边山地、丘陵和河谷地形对其有着明显且直接的限制作用，随着人口数量的增长和社会经济的发展对区域内不同空间的土地利用产生了深刻而有差别的影响（潘竞虎，2011），并引发了严重的生态问题（Zhao et al.，2009；王新杰等，2010），尤其是西安市在建设国际化大都市的进程中，已由原来传统的农业城市发展到基本成熟的城市化地区，因此，以西安市为研究区，其具有典型性，研究其城市扩张规律和内在驱动机制，有利于更好地指导西安市和类似地区可持续发展的实践。

3.1 研究方法

3.1.1 CA模型

CA模型是一种在时间因果关系、空间相互作用上均为局部的网格动力学模型，其在时间、空间和状态上都离散，具有强大的空间运算功能、并行计算能力，以及高度动态、维数高等特征（黎夏等，2007），因而被广泛地应用于模拟复杂非线性系统时空演化研究中。CA 模型不是一个特定的模型，而是某一类模型的总称，不同于一般的动力学模型，CA 模型不是由严格的数学方程或函数来定义，而是通过构造一系列的空间规则，满足这些规则模型便可称为 CA 模型（黄秀兰，2008）。散布在规则格网（Lattice Grid）中的每一元胞（Cell）取有限的离散状态，遵循同样的作用规则，依据确定的局部规则作同步更新。大量元胞通过简单的相互作用而构成精态系统的演化。

一般认为标准的 CA 模型由五部分组成，分别是元胞、状态、邻域、转化规则和时间，其函数表达为

$$S_{t+1} = f(S_{(t)}, N) \tag{3.1}$$

式中，S 为离散的、有限的元胞状态集合；t 和 $t+1$ 为两个不同的时刻；N 为元胞的邻域；f 则为局部空间元胞所遵循的转换规则。

1. 元胞

元胞即单元，是在研究区域中被划分为形状和大小都一致的单元，是元胞空间中最基本的组成部分（罗平等，2004）。

2. 元胞的状态

元胞的状态既可以是 {0，1} 的二进制形式，也可以是 {$S0$，St，…，Si，…，Sk} 整数集合的形式。一般而言，元胞只有一个状态变量，在实际应用中可以通过对其进行扩展，最终使元胞拥有多个状态变量。一般而言元胞只能有一个状态，但在实际应用中，其已被扩展为可以拥有多个状态。当 CA 模型被应用到土地利用研究中时，每一种土地利用类型，如耕地、林地、建设用地等，便可被定义为一个元胞状态（周成虎等，1999）。

3. 邻域

邻域又称邻居，是以某一特定元胞为中心的局部空间。由于一个元胞在 $t+1$ 时刻的状态取决于它在 t 时刻的状态及其邻居状态，因此，在制定规则的同时，应当由半径 R 定义周围哪些元胞属于它的邻居。比较常见的邻域模型有冯·诺依曼型、摩尔型和扩展的摩尔型三种：冯·诺依曼型邻域指定一个元胞相邻的上、下、左、右 4 个元胞作为该元胞的邻居；摩尔型邻域则规定某元胞周围的上、下、左、右，以及左上、右上、右下、左下 8 个元胞为其邻居；而扩展的摩尔型邻域则是将摩尔型邻域半径扩展为 2，甚至更大。

4. 转化规则

转化规则是指可以决定一个元胞下一时刻状态以何种原则转化的动态转移动力学函数，是元胞系统的核心组成部分。通过这个函数便可建立一种空间和时间都离散的简单局部元胞空间。以较常用的冯·诺依曼和摩尔型邻域为例，其转化规则可用函数表达为

$$S_i^{t+1} = f(S_i^t, S_n^t) \tag{3.2}$$

式中，S_i^t 和 S_i^{t+1} 分别为元胞在 t 和 $t+1$ 时刻的状态；S_n^t 为元胞邻居的状态；f 则为元胞自动机的局部转换函数。

5. 时间

在时间维度上，CA 模型是离散的，也就是说时间 t 是一个连续的、等间距的整数，若时间间距为 1，初始时刻 $t=0$，那么在下一时刻即 $t=1$，元胞的状态仅取决于 t 时刻该元胞和其邻域元胞的状态。

CA 模型典型的"自下而上"的建模方式可被用于研究很多一般现象，目前已被广泛应用于自然科学、社会经济和军事等多个领域。早在 20 世纪 60 年代，Torsten（1965）首先提出了类似于元胞自动机的思想，这使元胞自动机在地理学研究中得到了初步的应用，如今在与 GIS 技术结合的基础上，CA 模型在城市扩张模拟、土地利用变化方面的应用日益成熟，GIS 提供的海量空间信息和强大的空间数据处理功能，结合 CA 模型时空离散和同步计算的特征，可以有效地模拟复杂的自然地理时间、空间变化。

3.1.2　马尔可夫模型

马尔可夫（Markov）模型是基于苏联数学家马尔可夫（A. A. Markov）的随机过程理论而形成的一种预测方法，是研究离散事件动态系统状态空间的重要方法，其基本原理是分析计算随机事件变化的规律，应用状态间的转移概率矩阵，最终实现对未来变化和发展趋势的预测。Markov 模型主要包含以下基本概念。

1. 马尔可夫过程

Markov 模型要求事件发展过程不具有后效性，即在事件发展过程中，单次状态的转移仅受到前一时刻的状态影响，这样的过程可认为是马尔可夫过程。

2. 状态转移概率

在某个事件发展进程中，从某一种状态在下一时刻转变为其他状态的可能程度，叫作状态转移概率，记做 P_{ij}。在土地利用变化预测研究中，状态一般被用于指代特定的土地用地类型，如林地、耕地和建设用地等。

3. 状态转移概率矩阵

若某一事件在发展过程中，可能出现 n 个状态，即 E_1，E_2，$\cdots$，E_n，令 P_{ij} 为由 E_i 状态转变为 E_j 状态的概率，则以下矩阵被认为是状态转概率矩阵：

$$P = (P_{ij}) = \begin{bmatrix} P_{11} & P_{12} & \cdots & P_{1m} \\ P_{21} & P_{22} & \cdots & p_{2m} \\ \vdots & \vdots & & \vdots \\ P_{n1} & P_{n2} & \cdots & P_{nm} \end{bmatrix} \tag{3.3}$$

若某一时刻某一事件处于状态 E_i，那么在下一个时刻，它有从状态 E_i 转换为 E_1，

E_2，$\cdots$，E_n 中的任何一个状态的可能性，因为 P_{ij} 满足以下条件：

$$0 \leqslant P_{ij} \leqslant 1 \qquad (3.4)$$

式中，i，j=1，2，3，$\cdots$，n；

$$\sum_{j=1}^{n} P_{ij} = 1 \qquad (3.5)$$

式中，i，j=1，2，3，$\cdots$，n；

4. 计算状态转移概率矩阵

计算状态转移概率矩阵 P 的过程，也就是求每个状态转变到其他任何某种状态的转移概率 P_{ij}（其中，i，j=1，2，$\cdots$，n），其运算的基本方程如下（刘盛和和周建民，2001）：

$$P_{ij}^{(n)} = \sum_{k=1}^{N} P_{ik} P_{kj}^{(n-1)} = \sum_{k=1}^{N} P_{ik}^{(n-1)} P_{kj} \qquad (3.6)$$

一般研究的马尔可夫链满足无后效性和齐次性，可用以下方程表达：

$$E(n) = E(n-1) P_{ij} = E(0) P^{n} \qquad (3.7)$$

因为在研究区域内，不同的土地利用类型之间存在相互转化的可能性，难以用简单的逻辑函数精准地描述，所以这些相互转化的过程满足无后效性，而且，在一个相对比较短的研究时间段内，土地利用结构在一定尺度范围内有着相对稳定的状态，因此，Markov 模型在预测土地利用结构方面是一种比较合理、可信的方法。

3.1.3　CA-Markov 模型

马尔可夫模型具有较强的定量化研究能力，但其对土地利用变化的预测主要为数量预测，并且在预测未来随机事件的发展上只参考了时间的概念，没有体现在空间的发展上，因此，难以对土地利用的空间格局变化进行预测（刘盛和，2011）。而 CA 模型在时间、空间、状态上都离散，具有较强的空间概念（Marquez and Smith，1999），但是 CA 模型只能预测空间上的变化，无法捕捉随机事件在未来发生变化的概率，要完整地分析一个土地利用情景，既要考虑其数量结构，也要考虑它的空间格局，因此，单一的模型无法满足对于复杂空间系统的动态变化的模拟，而结合了 Markov 模型和 CA 模型两者的优点，CA-Markov 模型既具有长期预测优势，同时也拥有模拟复杂系统空间变化的能力，在数量和空间方面都能够较好地进行土地利用变化时空格局的模拟。

本书基于 CA-Markov 模型的运算是在 IDRISI 17.0 平台的支持下完成的。IDRISI 软件依托于 IDRISI 计划的支持，由美国克拉克大学克拉克实验室（the Clark Labs，Clark University，USA）研究开发的，以网格为基础的综合性地理信息与图像处理系统。IDRISI 软件支持的数据格式种类丰富，系统设计开放，它既具备遥感图像数字处理功能，也具备地理信息系统功能，其设计目标就是要为地理研究者提供完整的遥感图像处理、地学分析、统计分析和空间数据管理方面的具有专业水平的分析功能，目前已被成功地应用到自然资源管理、环境动态监测、城市和区域规划，以及生态学研究等众多领域当中。

3.1.4　Kappa 系数

为了判断模型的有效性，需要对由 CA-Markov 模型模拟出的图像进行精度评价，本书引入 Kappa 系数概念，对模拟结果进行评价。Kappa 系数是由 Cohen（1960）提出，用于分析遥感数据分类的精度，或比较两个地理图像的相似性（Nasset，1996；Brennan，1981），被广泛应用在地理学研究中。该系数从数量和空间位置两个角度出发，通过对两个图像逐个像元统计，并建立误差矩阵，可以定量地表述地理空间系统变化过程中数量、位置以及其他信息的变化（布仁仓，2005）。其数学表达式如下：

$$K = \frac{P_0 - P_c}{1 - P_c7} \tag{3.8}$$

式中，P_0 为两期图像上类型一致部分的百分比，表示对于每一个随机的样本，实际数据与模拟结果类型一致的概率；P_c 为模拟图的期望值，表示由偶然机会引起的两幅图像类型相一致的概率。Kappa 系数的值一般落在 0～1，依据其值的大小，可以将评价结果分为 3 级：当 Kappa≤0.4 时，一致性差，当 0.4<Kappa<0.75 时，一致性一般，当 Kappa≥0.75 时，一致性较高，当 Kappa=1 时，则认为两幅图像完全一致。本书设定若 Kappa≥0.75，则模型有效。

3.2　利用 CA-Markov 模型模拟 2015 年西安市建设用地

研究城市的动态模拟有助于了解城市未来发展趋势，对城市和生态环境的可持续发展有着重要的参考意义。本章以 2000 年和 2010 年的数据为基础数据，依据第 5 章驱动因素分析中得到的关键值，构建相应的转换规则，在 IDRISI 17.0 软件的支持下，采用 CA-Markov 模型，模拟 2015 年西安市的建设用地分布情况，将模拟得到的 2015 年西安市土地利用分布情况与遥感解译得到的 2015 年西安市土地利用现状图进行对比，模拟精度满足要求，模型可信度高，所以使用此模型模拟西安市 2020 年、2025 年的建设用地空间分布图。

3.2.1　数据转换预处理

由于 IDRISI 软件中支持的栅格数据为 rst 格式，故需要将所用到的基础数据在 ArcGIS 9.3 中转化为 IDRISI 可以识别的 ASCII 格式，再在 IDRISI 中将 ASCII 数据选择以 rst 的栅格格式输出，栅格大小为 30m×30m，每个栅格则代表一个元胞，这个元胞的状态便代表了其土地利用类型，如图 3.1 所示。输出后的各数据需要进行重分类处理，背景值均设为 0，否则后期的运算将无法顺利进行。

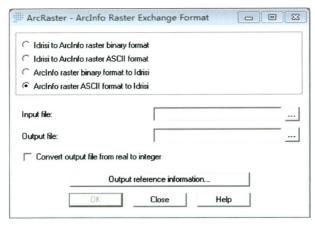

图 3.1　将 ASCII 文件转换为 rst 格式

3.2.2　基于多准则评价（MCE）模型的西安市建设用地转移适宜性评价

1. MCE 模型

多准则评价模型（MCE）是一种可以将多种标准评价集中的通用方法，在土地适宜性评价和防灾决策等相关领域中应用非常广泛（钮心毅，2007）。在 IDRISI 软件的 MCE 模块中，评价标准分为限制因子和影响因子两类。限制因子也称约束因子，必须是二值图像，而影响因子是以连续的值为地理区域定义适宜性的标准。

IDRISI 软件中的 MCE 模块中的多准则评价方法包括布尔叠加法、权重线性组合法（WLC）等。布尔叠加法需要将所有因子标准化为限制性条件，只有 0 和 1 两个值，属于硬性决策，通过逻辑性的布尔连成方法得到最终的适宜性图像，无法考虑因子之间的折中。WLC 需要将各因子都标准化为 0~1 或 0~255，使各影响因子都有相同连续的数值范围，将各因子及其权值进行线性组合得到连续的图像。本章使用布尔叠加法确定限制性因子，使用 WLC 方法确定影响因子，再将连续的赋有权值的影响因子与布尔类型的限制条件进行交集运算，从而生成适宜性图像。这种方法的一个好处是它既不是 AND 运算也不是 OR 运算，排除了武断地将一个元胞判断为变或不变，而是利用适宜性来判断该栅格单元是否适合转变，用适宜性来度量转变的概率，即限制了绝对不可能转化的点，也用线性权重区别了各种影响因子的重要度。

2. 因子评价及标准化

本书参考各项规划限制要求，根据西安市市区的实际情况，选择已有建设用地、湿地、林地 3 个因素作为对西安市建设用地适宜性评价的限制因子：由于已有的建设用地很难再转化为耕地、湿地、林地等其他土地利用类型，而湿地和林地受相关法规限定不能随意破坏，因而也很难转化为建设用地。由于湿地已经作为限制因子，将第 5 章所选择的其余 6 个驱动因子，即高程、坡度、距公路的距离、距铁路的距离、距已有建设用地的距离和距城镇中心的距离作为西安市建设用地转化的影响因子。

　　由于各因子的阈值范围不同，需要对其进行标准化。因为限制因子只存在可转化和不可转化两种可能，所以将已有建设用地、林地、湿地限制因子标准化为布尔图像，限制区的值为 0，可建设区的值为 1，如图 3.2 ~ 图 3.4 所示。

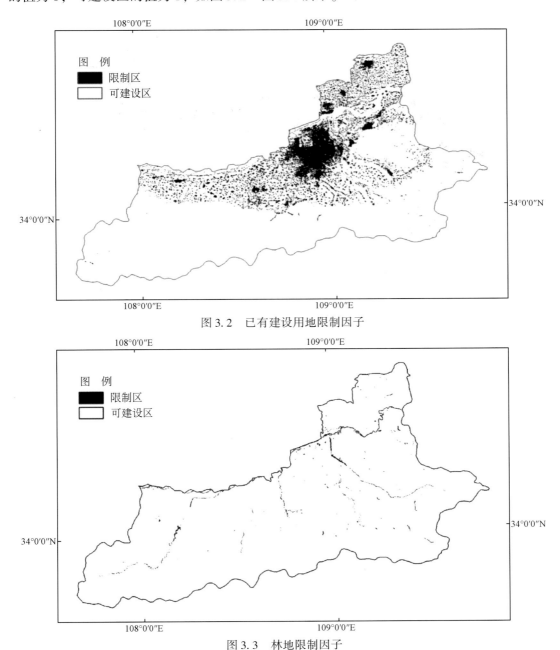

图 3.2　已有建设用地限制因子

图 3.3　林地限制因子

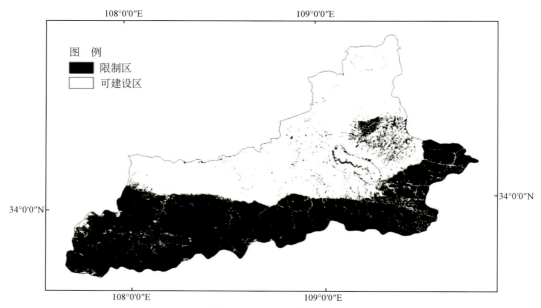

图 3.4　湿地限制因子

　　再利用 MCE 中的布尔叠加法（图 3.5），将已有建设用地、湿地、林地限制因子连乘得到综合限制因子图像，如图 3.6 所示。

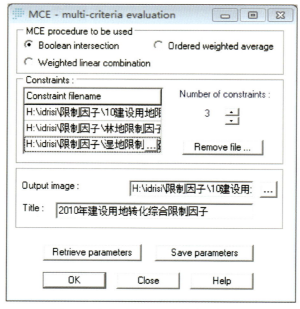

图 3.5　布尔叠加法生成综合限制因子

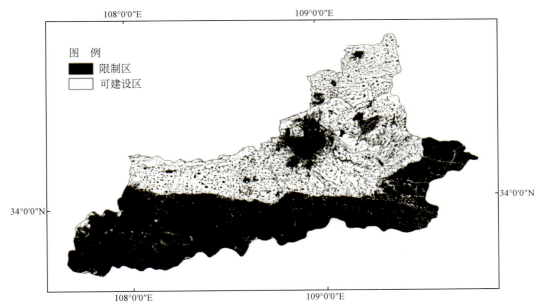

图 3.6　综合限制因子

影响因子不存在绝对的可转化或不可转化，因而使用 IDRISI 中的 FUZZY 模块对影响因子进行标准化，FUZZY 功能中包括 S 型、J 型、线型和自定义 4 个选项，此处需要根据第 5 章中西安市城市扩张指数与单因子的关系曲线特征来设定，同时选择相应的单调性，输入最高值、最低值和拐点的值，最终标准化后的阈值范围为 0～255，如图 3.7～图 3.11所示。

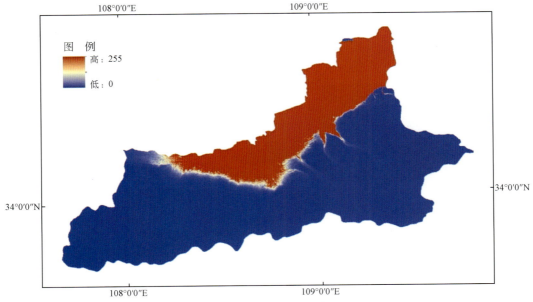

图 3.7　高程影响因子

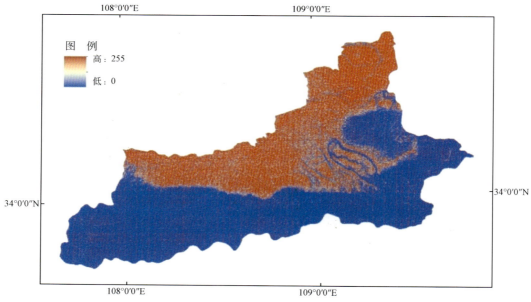

图 3.8　坡度影响因子

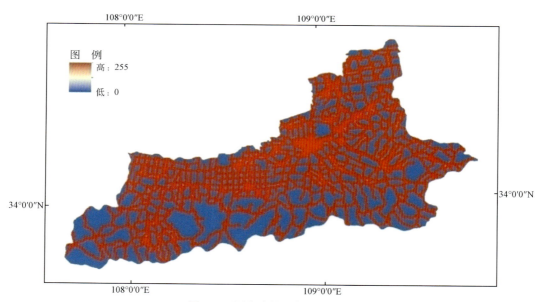

图 3.9　距公路的距离影响因子

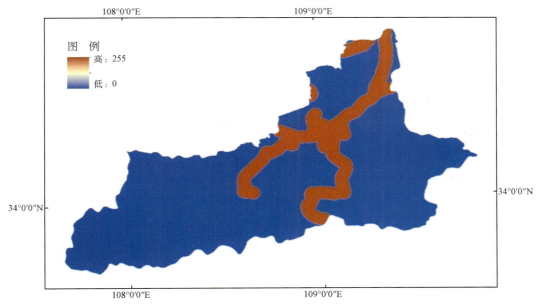

图 3.10　距铁路的距离影响因子

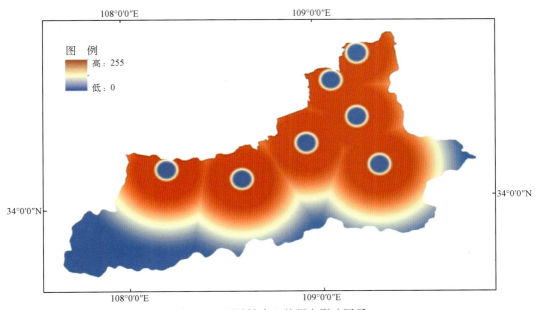

图 3.11　距城镇中心的距离影响因子

3. 建设用地适宜性评价

如图 3.12 所示，选择 WLC 将布尔叠加后的综合限制因子和标准化后的各种影响因子进行交集运算，此处各种影响因子的权值由第 5 章回归方程中各驱动因子系数的绝对值进

行标准化后得到，高程、坡度、距公路的距离、距铁路的距离、距城镇中心的距离、距已
有建设用地的距离 6 个影响因子的权值分别为 0.0038、0.1977、0.5437、0.0951、
0.0456、0.1141，而生成最终的西安市建设用地转化适宜性评价图如图 3.13 所示。

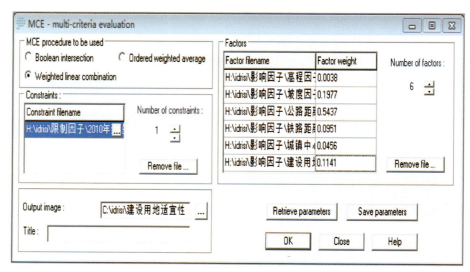

图 3.12　使用 MCE 生成适宜性图集

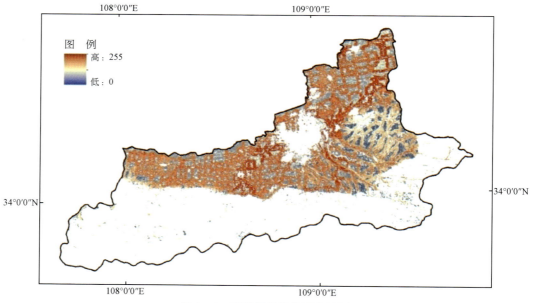

图 3.13　建设用地转化适宜性图

3.2.3　2000～2010 年土地利用转移矩阵

土地利用转移矩阵在 IDRISI 中的 Markov 模块中生成，分别添加西安市 2000 年、2010

年的土地利用现状图，两期图像时间间隔为 10 年，第二期图像与预测图像时间间隔为 5
年，比例误差设置为 0.15（图 3.14），从而生成 2000～2010 年西安市土地利用转移面积
和概率矩阵。见表 3.1 和表 3.2。

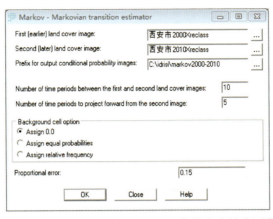

图 3.14　利用 IDRISI 中的 Markov 模块生成转移矩阵

表 3.1　2000～2010 年西安市土地利用转移面积矩阵（栅格数）　　（单位：个）

土地利用类型	林地	草地	湿地	耕地	建设用地	裸露地
林地	4651308	146	339481	92327	400376	0
草地	0	104978	15678	1631	9857	0
湿地	0	65	33771	46032	1040	0
耕地	122309	826	60523	3132303	807838	0
建设用地	12	20	8674	338213	977624	0
裸露地	0	0	17608	109	3654	75465

表 3.2　2000～2010 年西安市土地利用转移概率矩阵

土地利用类型	林地	草地	湿地	耕地	建设用地	裸露地
林地	0.8482	0.0000	0.0619	0.0168	0.0730	0.0000
草地	0.0000	0.7944	0.1186	0.0123	0.0746	0.0000
湿地	0.0000	0.0008	0.4174	0.5689	0.0129	0.0000
耕地	0.0297	0.0002	0.0147	0.7596	0.1959	0.0000
建设用地	0.0000	0.0000	0.0065	0.2553	0.7381	0.0000
裸露地	0.0000	0.0000	0.1818	0.0011	0.0377	0.7793

　　转移面积矩阵表达了在第 2 时期，每一种土地利用类型转化为其他土地利用类型的栅
格数，转移概率矩阵则记录了每种土地利用类型转化为其他土地类型的可能性。此模型运
行过程中同时还会生成每种土地利用类型的转移概率图像。从转移矩阵中可以看出，
2000～2010 年这10 年间，西安市流向建设用地的栅格数最多，其中，主要的土地利用类
型是耕地和林地，流出的耕地除了一大部分转入建设用地外，还有一部分流入了林地，这

一现象受到了"退耕还林"政策的影响。草地主要流向了湿地和建设用地，而裸露地主要流向了湿地和建设用地，这是因为西安市自 2000 年以来建成了诸如曲江池遗址公园、浐灞湿地公园、环城公园等城市湿地景观。

3.2.4　CA-Markov 模型模拟

将 3.2.2 小节中生成的建设用地转化适宜性图和 Markov 模块中生成的其他 5 种土地利用类型的转移概率矩阵利用 IDRISI 中的 Collection Editor 功能集合成模拟预测所需的土地利用转移适宜性图集，集合时应注意按照每种土地利用类型的顺序添加，如图 3.15 所示，并且将新生成的适宜性图集和这些条件概率图像保存在同一路径中，否则运行结果会出错。

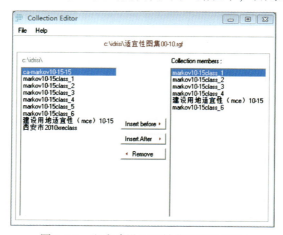

图 3.15　生成建设用地转化适宜性图集

在 CA-Markov 模型中分别添加 2010 年西安市的土地利用现状图、2000～2010 年土地利用类型转移面积矩阵、土地利用转移适宜性图集，填写输出文件名，设置迭代次数，一般迭代次数为基础数据与预测数据的时间间隔，滤波器选择默认的 5×5 滤波器，如图 3.16 所示。

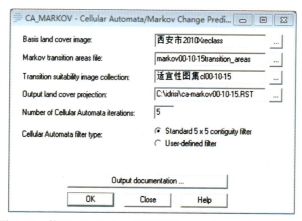

图 3.16　使用 CA-Markov 模型模拟 2015 年西安市建设用地

得到的 2015 年西安市土地利用分布图和实际土地利用现状对比如图 3.17 所示。

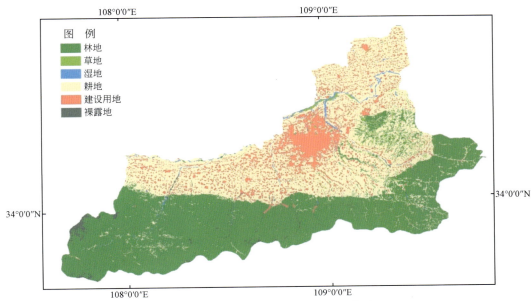

图 3.17 2015 年西安市土地利用现状图

3.3 模拟精度验证

将模拟预测得到的 2015 年西安市土地利用分布图与通过遥感影像解译得到的西安市土地利用现状图进行面积和空间分布对比，以运算得到的 Kappa 系数为精度评判标准，如果精度达到 75% 以上，则说明模型有效，可以用于后期 2020 年、2025 年西安市土地利用情况的模拟预测。此过程使用 IDRISI 软件中的 CROSSTAB 模块实现。

3.3.1 模拟面积精度验证

如表 3.3 所示，从每种土地利用类型的实际面积和预测面积的误差来看，建设用地、林地和耕地的模拟精度比较理想，达到了 98%～99%，草地和湿地的精度较高，达到了 92%～95%，而裸露地的模拟精度略低，这是由于在创建转换规则时，没有针对非建设用地的几种土地利用类型专门选择约束因子和影响因子，在以后的研究中会注重对每种土地利用类型都建立转移适宜性图像，这会提高整体的模拟精度。

表 3.3 2015 年的模拟结果与实际面积比较

土地利用类型	2015 年预测面积/ha	2015 年实际面积/ha	面积误差/%
林地	484031.7	493527.42	2
草地	12523.14	11892.87	5

续表

土地利用类型	2015 年预测面积/ha	2015 年实际面积/ha	面积误差/%
湿地	7857.18	7281.72	8
耕地	375660.8	371143.17	1
建设用地	121914.4	119207.43	2
裸露地	8622.81	7557.39	14

3.3.2　模拟空间精度验证

　　Kappa 系数是通过逐一对比两幅图像中的每个栅格来评价每种土地利用类型在空间上的差异，在 CROSSTAB 模块中，分别添加西安市 2015 年实际的土地利用图和预测得到的土地利用现状图，得到 Kappa 系数为 0.9269，大于 0.75，如图 3.18，说明模拟精度较高，模型是有效的。Cramer's V 系数为 0.7988，说明两幅图像的相关性系数较高。

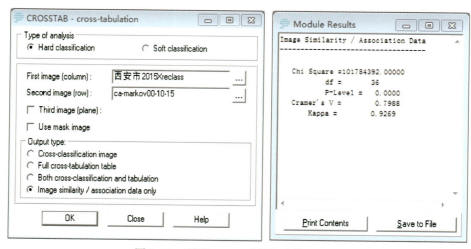

图 3.18　利用 Kappa 系数检验模拟精度

3.4　2020 年、2025 年建设用地预测

　　重复 3.3 节中的步骤，利用西安市 2010 年和 2015 年的土地利用现状数据来模拟西安市 2020 年、2025 年的建设用地分布情况，结果如图 3.19 和图 3.20 所示。
　　由 2020 年、2025 年的模拟图可以看出，西安市在未来 5 年，建设用地面积增长明显，主要围绕主城区、城镇中心和大学城周边扩张。而在 2020 ~ 2025 年，增长并不明显，说明城市规模趋于稳定，并向着节约集约利用的方向发展。

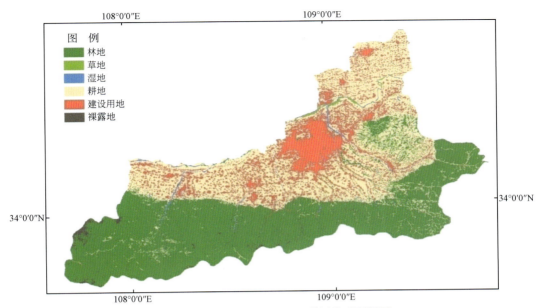

图 3.19　西安市 2020 年土地利用类型预测图

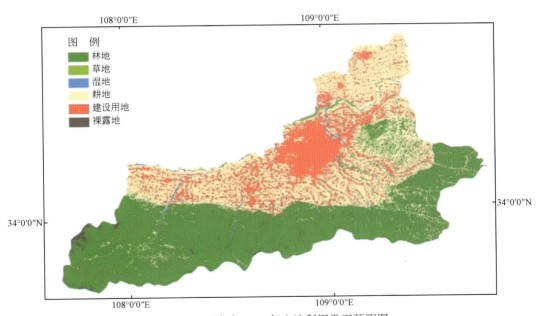

图 3.20　西安市 2025 年土地利用类型预测图

3.5　1975～2020 年西安市土地利用类型变化趋势

表 3.4、图 3.21 中，1975～2025 年，西安市的建设用地面积持续增加，在 2025 年达

到 174999.33 ha，主要来源于大量的耕地，以及少量林地和湿地，总体呈现出先缓慢增长再迅速增长，又缓慢增长的趋势。林地总体呈现出增长的趋势，尤其是在 1990～2000 年，得益于"退耕还林"等政策，增长幅度明显，但在 2015～2025 年，又有小幅度的减少，并转化为建设用地。湿地和草地的减少也较为明显，主要是被开发为建设用地和景区公园等，耕地 40 年来持续大幅度减少，基本均转化为了建设用地。

表 3.4　1975～2025 年西安市土地利用类型面积　　　　（单位：ha）

土地利用类型	1975 年	1990 年	2000 年	2010 年	2015 年	2020 年	2025 年
林地	280326.58	280391.92	489439.83	489325.91	493527.42	487868.00	486130.86
草地	227514.65	227877.59	11826.37	12673.10	11892.87	12689.50	11993.94
湿地	23447.41	20934.91	20672.24	5776.55	7281.72	6961.23	6910.56
耕地	409379.75	409964.96	405677.96	398562.49	371143.17	329872.00	323755.56
建设用地	81787.30	84384.00	90381.30	107171.80	119207.43	166181.00	174999.33
裸露地	767.96	436.75	436.75	7806.53	7557.39	7038.27	6819.75

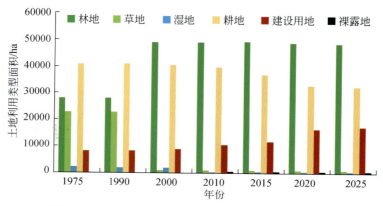

图 3.21　1975～2025 年西安市土地利用类型面积变化

《西安市土地利用总体规划（2006—2020 年）》中提出，到 2020 年，建设用地总规模控制在 154180 ha 以内，全市耕地保有量保持在 287107 ha 以上，对比 2020 年的预测结果，建设用地面积比规划要求高出 7.22%，耕地保有量符合规划要求。为了保证粮食安全、缓解用地压力、维持生态平衡，土地利用类型之间相互转化的幅度减慢是城市稳定发展的要求和必然趋势。

3.6　1975～2020 年西安市建设用地变化趋势分析

从西安市建设用地在 1975～2025 年的变化趋势看（图 3.22），西安市的建设用地持续增长，从增长规模的角度看，可以分为 3 个阶段：1975～2000 年增长缓慢，尤其是 1975～1990 年增长微弱；2000～2020 年增长速度很快，这个时段恰好是全国经济快速增长时期，西安市的建设用地面积得到了快速增长，尤其是 2015～2020 年增长率最高，增长率达到 39.40%；2020~2025 年建设用地增长减缓，增长率仅为 5.31%，说明城市建设规模趋于稳定，并且建设用地向着节约集约利用的方向发展。

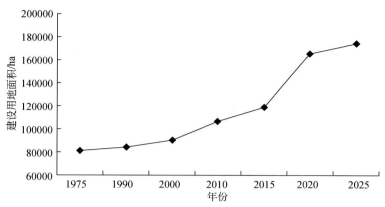

图 3.22　1975~2015 年西安市建设用地面积变化趋势

虽然西安市先后开展了 4 次城市建设规划，但与北京市、上海市等特大城市相比较，有明显趋同趋势。相比较而言，离散的城市扩展模式或许会引起更多的生态环境问题。

在未来，西安市城市建设应该加强历史文化遗址保护和保存，重视城市生态安全建设，保护森林和湿地等重要生态类型，同时，关中平原是西北地区的重要粮食基地，在城市发展中要保护耕地，尤其是基本农田。在促进城市生态文明、实现区域生态安全和粮食安全的基础上促进城市城乡建设的可持续发展。

3.7　本章小结

本书以 1995 年、1990 年、2000 年、2010 年西安市 4 期土地利用现状数据和由遥感影像解译得到的 2015 年西安市土地利用图为基础，从建设面积、密度指数、扩张强度指数、变化率等多个指标为视角，探讨西安市建设用地变化的规律。引入高程、坡度、距公路的距离、距铁路的距离、距城镇中心的距离、距已有建设用地的距离等驱动因子，从不同的时间和空间尺度深入量化分析西安市建设用地扩张的驱动机制。将 CA 模型和 Markov 模型有机地结合，模拟西安市 2020 年、2025 年建设用地的时空变化趋势，得到以下结论。

1）1975~2015 年，西安市建设用地面积从 81787.30 ha 增长到了 119207.43 ha，以 935.50 ha/a 的速度递增。高密度建设用地面积增长显著，其中，中心城市、城镇和农村的高密度建设用地面积分别增长了 10250.57 ha、24853.07 ha、5816.17 ha，较高密度、中等密度和较低密度的建设用地均在增加，低密度建设用地面积明显减少。

2）1975~2010 年西安市各区（县）的建设用地面积均在增加。35 年间，由于城市中心的建设用地已经趋于饱和，并且受到城中村改造政策的影响，碑林、新城和莲湖区的建设用地面积占西安市建设用地总面积的比重减少；南郊郭杜镇和北郊草滩大学城的建立、西安经济技术开发区、高新技术产业开发区、泾河工业园的建成，以及世界园艺博览会的举办和浐灞国家湿地公园的修建，使得雁塔区、未央区、灞桥区、长安区、高陵区所占的比重都有一定幅度的增加，并且高陵区、临潼区和户县出现了明显的双核扩张特征。依据研究结果，可将研究时段分为 4 个阶段：1975～1990 年是缓慢扩张阶段；1990～2000 年是面积增长较快阶段；2000～2010 年是扩张模式分异阶段；2010～2015 年是建设面积和扩张模式同时发展阶段。

3）城市建设用地扩张是复杂、系统的过程，受许多不确定性因素的影响。在邻域因素中，西安市建设用地的增长受到高程、湿地、公路和城镇中心 4 个因子的推动作用，其中，公路因子的促进作用最为明显；而坡度、铁路、已有建设用地则在一定程度上限制着城市的扩张，其中，坡度因子的抑制作用最强，说明随着社会经济水平的发展，自然因素仍然制约着城市的扩张。

4）以西安市 2000 年、2010 年的数据为基础模拟出的 2015 年土地利用现状图，Kappa 系数达到了 0.93，说明模型可信度较高，可用于后期西安市建设用地变化的模拟预测。模拟结果显示对建设用地、耕地和林地面积的模拟精度较高，在 98% 以上，湿地、草地的面积精度达到 92% 以上。预测结果表明，西安市建设用地面积将在 2020 年、2025 年分别达到 166181.00 ha、174999.33 ha，其中，2015～2020 年的增长幅度显著，而 2020～2025 年城市建设规模趋于稳定，涨幅较小，增长的建设面积主要来源于耕地，以及少量的林地和湿地。

5）2015～2020 年西安市建设用地持续快速增长，建设用地模拟得到的西安市 2020 年建设用地面积比《西安市土地利用总体规划（2006—2020 年)》的要求高出 7.22%，耕地保有量符合规划要求。为达到规划的建设要求，建议相关部门在 2015～2020 年采取相应政策限制建设用地过快增长，合理规划，保持耕地的持有量，限制对林地和湿地的过度开发和占用。

参 考 文 献

布仁仓，常禹，胡远满，等 . 2005. 基于 Kappa 系数的景观变化测度——以辽宁省中部城市群为例 . 生态学报，25（4）：778-784+945.

车前进，段学军，郭垚，等 . 2011. 长江三角洲地区城镇空间扩展特征及机制 . 地理学报，66（4）：446-456.

陈江龙，高金龙，徐梦月，等 . 2014. 南京大都市区建设用地扩张特征与机理 . 地理研究，3（3）：427-438.

高金龙，陈江龙，苏曦 . 2013. 中国城市扩张态势与驱动机理研究学派综述 . 地理科学进展，32（5）：743-754.

郝慧梅，任志远 . 2009. 基于栅格数据的陕西省人居环境自然适宜性测评 . 地理学报，64（4）：498-506.

黄秀兰 . 2008. 基于多智能体与元胞自动机的城市生态用地演变研究 . 中南大学硕士学位论文 .

黎夏，叶嘉安，刘小平 . 2007. 地理模拟系统：元胞自动机与多智能体 . 北京：科学出版社 .

刘明皓，王耀兴 . 2014. 地理计算智能与城市动态变化及开发强度模拟 . 北京：科学出版社 .

刘盛和，胡章，邓羽 . 2011. 基于区域差异类型的流动人口快速监测方法 . 地理研究，30（4）：676-686.

刘盛和，周建民 . 2001. 西方城市土地利用研究的理论与方法 . 国外城市规划，（1）：17-19.

罗平，杜清运，雷元新，等 . 2004. 地理特征元胞自动机及城市土地利用演化研究 . 武汉大学学报：信息科学版，29（6）：504-507.

钮心毅 . 2007. 西方城市规划思想演变对计算机辅助规划的影响及其启示 . 国际城市规划，22（6）：

97-101.

潘竞虎. 2011. 兰州市景观生态格局热环境效应研究. 兰州大学博士学位论文.

王新杰, 薛东前, 延军平, 等. 2010. 西安市城市化与生态环境动态关系分析. 地球与环境, （1）：43-48.

周成虎. 1999. 地理元胞自动机研究. 北京：科学出版社.

周国华, 贺艳华. 2006. 长沙城市土地扩张特征及影响因素. 地理学报, 61（11）：1171-1180.

Arsanjani J J, Kainz W, Azadbakht M. 2011. Monitoring and Spatially Explicit Simulation of Land Use Dynamics：from Cellular Automata to Geosimulation-A Case Study of Tehran, Iran. Image and Data Fusion（ISIDF）, 2011 International Symposium on. IEEE, 1-4.

Boori M S, Amaro V E. 2010. Land use change detection for environmental management：using multi-temporal, satellite data in the Apodi Valley of northeastern Brazil. Applied GIS, 6（2）：1-15.

Brennan R M, Preediger D J. 1981. Coefficient Kappa：Some Uses, Misuses, and Alternatives. Educational Psychological Measurement, 41（3）：687-699.

Clarke K C, Gaydos L J. 1998. Loose-coupling a cellular automaton model and GIS：long-term urban growth prediction for San Francisco and Washington/Baltimore. International Journal of Geographical Information Science, 12（7）：699-714.

Cohen J. 1960. A coefficient of agreement for nominal scales. Educational and Psychological Measurement, 20：37-46.

Fang S, Gertner G Z, Sun Z, et al. 2005. The impact of interactions in spatial simulation of the dynamics of urban sprawl. Landscape and Urban Planning, 73（4）：294-306.

Form W H. 1974. The Place of Social Structure in the Determination of Land Use：Some Implications for a Theory of Urban Ecology. Oxford. Bobbs-Merrill, College Division.

Halmy M W A, Gessler P E, Hicke J A, et al. 2015. Land use/land cover change detection and prediction in the north-western coastal desert of Egypt using Markov-CA. Applied Geography, 63：101-112.

Harvey D. 1978. The urban process under capitalism：a framework for analysis. International Journal of Urban and Regional Research, 2（1-4）：101-131.

Kasperson J X, Kasperson R E, Turner B L. 1995. Regions at Risk. Tokyo. United Nations University Press.

Marquez L O, Smith N C. 1999. A framework for linking urban form and air quality. Environmental Modelling & Software, 14（6）：541-548.

Nasset E. 1996. Use of the weighted Kappa coefficient in classification error assessment of thematic maps. International Journal of Geographical Information Systems, 10（5）：591-603.

Sakieh Y, Amiri B J, Danekar A, et al. 2015. Simulating urban expansion and scenario prediction using a cellular automata urban growth model, SLEUTH, through a case study of Karaj City, Iran. Journal of Housing and the Built Environment, 30（4）：591-611.

Seto K C, Fragkias M, Güneralp B, et al. 2011. A meta-analysis of global urban land expansion. Plos One, 6（8）：e23777.

Tobler W R. 1970. A computer movie simulating urban growth in the Detroit region. Economic Geography, 46：234-240.

Torsten H. 1965. A Monte Carlo approach to diffusion. European Jonrnal of Sociology, 6：43-47.

Zhao C Y, Zhang Q, Ding X L, et al. 2009. Monitoring of land subsidence and ground fissures in Xian, China 2005−2006：mapped by SAR interferometry. Environmental Geology, 58（7）：1533-1540.

第4章 西安市地表温度的遥感反演

城市热岛效应是城市小气候的明显特征之一。城市区域气温高于周围郊区地区气温，一般用区域内两个具有代表性的测点气温差，即热岛强度，来表示城市热岛效应的程度。理论上，城市热岛效应现象在一年四季都会出现。特别是在夏季，高温再加之城市热岛效应的存在，温度已远高于人体舒适温度，当温度大于28℃时，人体会产生不适感，严重时还会出现一系列的城市病。已有研究表明，通过对西安市同一时刻的气象资料进行分析得知西安市城区的温度明显高于郊区的温度。同时，关于西安市城市热岛效应研究的文献也表明西安市在研究时刻存在城市热岛效应现象（刘转年和阴秀菊，2008；田武文等，2006；解修平等，2007），因此，研究西安市的城市热岛效应对城市环境治理具有重要意义。

地表温度是城市热岛效应研究的核心，温度对生态平衡、能量交换都起着至关重要的作用。由于地面温度反演是一个极为复杂的问题，目前，基于遥感热红外数据的地面温度反演以可行性研究为主（秦福莹，2008）。本书主要研究西安市城市热岛效应的边界确定、分布特征、影响因素、演变规律等方面，因此，对温度反演的绝对精度要求不高，要求相对精度准确。

本书选用西安市1995年5月7日、1999年12月20日、2000年11月20日、2004年1月24日、2006年8月9日、2010年6月17日、2011年6月28日、2013年6月25日的8个不同时期的Landsat遥感影像热红外波段数据进行地表温度的反演，获得西安市研究区域内8个不同时期的地表温度，并通过归一化方法使多期数据更具有可比性，再通过遥感快速提取的方法研究地表温度与城市下垫面的关系，确定本研究时间段内西安市城市热岛效应的存在性，为后续研究奠定基础。

4.1 数据预处理

由于地球自转、地球曲率、地形起伏、传感器姿态变化等多种因素的影响，遥感影像会产生失真和变形。Landsat原始影像分为不同的级别，有原始数据产品（Level 0）、辐射校正产品（Level 1）、系统几何校正产品（Level 2）、几何精校正产品（Level 3）、高程校正产品（Level 4）。本书获取的影像数据是经过系统辐射校正和几何校正的二级产品，地图投影为UTM-WGS84。由于本书是对研究区域的温度进行宏观分析，对精度没有过高要求，只要基于1:1万基础地理信息数据套合良好能够达到辅助分析的目的即可。因此，数据在使用前先进行精度套合检验，再根据不同的研究用途进行相应处理，具体如下。

1）影像质量检查：影像无大面积云雾覆盖，无大面积噪声，无数据丢失、发虚、模糊、地物扭曲、变形现象。各波段数据套合良好，不存在飘移现象。

2）格式转换：将多期多波段数据从原始的tiff格式转换成img格式。

3）研究区裁切：对于转换后的多期多波段数据，以钟楼为中心，东西南北 4 个方向为轴外扩 25 km 进行裁切获得本书的研究区域。该区域可以将西安市三环以内的主城区涵盖在内，获得的研究区域如图 4.1 所示。

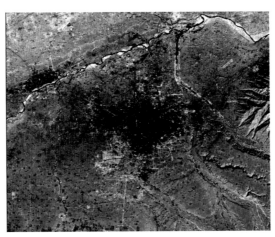

图 4.1　西安市研究区域

4）精度检验：将 8 期数据与该区域 1∶1 万基础地理信息成果数据数字线划图（DLG）进行套合，均匀选取 48 个检查点进行平面位置中的误差检查，精度达到了一个像素，符合本书宏观研究的需求。

5）重采样：对于 Landsat 5 和 Landsat 7 获取的多期多波段数据，对研究区内的数据都进行重采样，得到分辨率均为 30 m 的数据，与 Landsat 8 获取的数据分辨率相同，便于多期影像的结果对比。

这些预处理工作为后续研究做好了前期准备。

4.2　基于多期影像的西安市地表温度遥感反演

4.2.1　地表温度遥感反演原理

根据遥感原理，自然界任何高于绝对零度的物体都不断地向外发射具有一定能量的电磁波。维恩位移定律指出地面一般物体的热辐射电磁波位于 8 ~ 14μm 波长范围内，8 ~ 14μm 是一个很好的红外大气窗口，可以用来调查地表物体的热分布与特性。Planck 定律中辐射强度是温度和波长的函数，并引入黑体作为研究基准，这是地表温度能被反演的理论基础。对于黑体而言，物体的辐射温度等于它的真实温度。黑体是完全的吸收体和发射体，吸收率和发射率均为 1，但是自然界并不存在真正的黑体，自然界的物体都会反射部分入射能。对于真实物体而言，辐射温度与物体的地表温度之间存在一定的关系，即物体表面单位面积上辐射出的辐通量与同温度下黑体辐射出的辐通量的比值，这就是比辐射率，因此，要获得地表温度必须考虑物体的比辐射率问题，还有大气的影响等。

4.2.2　地表温度遥感反演方法选取

应用热红外波段反演城市地表温度是非常普遍的，但具体反演方法如何适应具体数据源和实际情况还需要分析确定。一般，直接用遥感影像 TM6 波段的辐射值（DN 值），或者由其转化后卫星高度的亮度温度值（brightness temperature）代替地表温度进行城市地表城市热岛效应的研究。但实际上，传感器在接收地面物体辐射率的过程中会受到大气传输特性的影响，大气层中的气体、云、雾、雨、尘埃、冰粒、盐粒等成分的吸收、散射和透射，使其能量受到衰减和重新分配，同时，还会受到传感器、太阳高度角、地表等多因素的影响，因此，由灰度值转化的亮度温度值与实际的地表温度具有较大差距，不能反映实际地表热状况。可见，大气校正等处理是计算地表亮度温度的前提，必须考虑地表发射辐射（emittedradiance from the earth's surface）、大气上行辐射（upwelling radiance from theatmosphere）和天空下行辐射（downwelling radiance from the sky）3 个部分。同时，还必须对地表亮度温度进行地表比辐射率（land surface emissivity）校正（覃志豪等，2004），获得接近实际的地表温度。近年来，随着热红外研究的不断深入，大气辐射校正、地表比辐射率校正的研究越来越多，这些都有力地提高了城市热岛效应遥感反演的精度。

基于遥感热红外数据反演地表温度的方法主要有分裂窗算法（split windows algorithm）、温度比辐射率分离算法（separate temperatureand emissivity method）、辐射传输方程法等（张仁华，1996）。然而，分裂窗算法即劈窗算法，温度比辐射率分离算法仅适用于具有两个及以上热红外波段的遥感多光谱数据。Landsat 影像只有一个热红外波段，不能应用劈窗算法和温度比辐射率分离算法反演地表温度，一般采用辐射传输方程方法来反演地表温度。辐射传输方程方法主要包括大气校正法（atmospheric correction）、单窗算法（mono-windows algorithm）、普适性单通道算法、Sobrino 等（2004）应用的单通道算法（single-channel algorithm），以及 Artis 和 Carnahan 及 Weng 等提出的单通道法（覃志豪，2003；Sobrino et al.，2004；Artis and Carnahan，1982；Weng et al.，2004）。其中，大气校正法、单窗算法、普适性单通道算法、Sobrino 等应用的单通道算法需要实时同步的大气数据，或大气垂直剖面、大气辐射、大气透射率或大气剖面总水汽含量等参数，计算过程复杂。本书采用 Artis 和 Carnahan（1982）、Weng 等（2004）单通道算法进行地表温度反演，不需要实时的大气数据，只需要地表比辐射率，更简便易行，便于研究，得到广泛应用。由于本书所用为不同时期的 Landsat 影像数据，实时大气数据难以全部获得，因此，采用 Artis 和 Carnahan（1982）、Weng 等（2004）提出的单通道算法进行地表温度的遥感反演。因此，在对影像数据进行地表温度定量反演前，首要问题就是要进行遥感影像的大气校正（史同广等，2008），消除大气气溶胶、水汽和云雾等的影响。

4.2.3　地表温度反演

要用 Landsat TM/ETM+/OLI 传感器获取的热红外数据反演地表实际温度是一个复杂的问题。虽然，TM6 波段记录的辐射值 DN 主要取决于地表温度的高低，但是，它还同时包含有地物的比辐射率信息，当然还有大气的影响。所以，根据 Artis 和 Carnahan（1982）、Weng 等（2004）的方法，要计算地表实际温度首先要进行亮度温度和地表比辐射率的计算。其中，亮度温度是传感器在卫星高度所观测到的热辐射强度相对应的温度，它受到大气和地表对热辐射传导的影响，并不是真正意义上的地表温度或者大气温度（赵丽丽等，2006）。对于某一波长来说，比辐射率是指在相同温度下，观测物体的辐射能量与黑体辐射能量之比，它随观测物体的介电常数、波长、温度、表面粗糙度和观测方向等不同条件的变化而变化，一般介于 0 ~ 1（Ottlé and Vidal- madjar，1992）。

1. 图像的 DN 值转化成绝对辐射亮度值（Kay et al.，2003）

通过辐射定标将 TM 各波段的 DN 值转换为星上辐射亮度 L_λ。在不考虑大气影响的情况下，使用图像的 DN 值来推算 L_λ：

$$L_\lambda（TM6）= L_{min}（TM6）+ \left[（L_{max}（TM6）- L_{min}（TM6））/255\right] \times DN \qquad (4.1)$$

式中，L_λ 为辐射亮度值；$L_{max}（TM6）$ 为 TM6 波段的最大 DN 值；$L_{min}（TM6）$ 为 TM6 波段的最小 DN 值。其中，$L_{max} = 1.5600$，$L_{min} = 0.1238$。其他波段的公式相同。DN 值转化成绝对辐射亮度值利用 ERDAS 9.3 的空间建模（model maker）工具来实现，如图 4.2 所示。

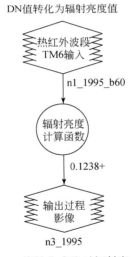

图 4.2　DN 值转化成绝对辐射亮度值模型

2. 亮度温度计算（张春玲等，2009）

首先将 TM6 波段的 DN 值通过式（3.1）转化为辐射亮度值，再将辐射亮度转化为亮度温度（brightness temperature），辐射亮度值 L_λ 转化成地表亮温（℃）的近似式：

$$T = K_2/L_n（K_1/L_\lambda + 1）- 273.15 \qquad (4.2)$$

式中，T 为亮度温度，单位为 K，即辐射亮度；K_1 和 K_2 为定标参数；L_λ 为星上辐射亮度。对于 Landsat 5 和 Landsat 7 的数据，$K_1 = 607.66$，$K_2 = 1260.56$；对于 Landsat 8 的数据，$K_1 = 480.89$，$K_2 = 1201.14$。

亮度温度假定地物为黑体时获得的地表温度，地表比辐射率为1，实际上无法达到，因此，必须对地表亮度温度进行地表比辐射率校正以求出真实的地表温度。计算时，Landsat 7 使用 band62 高增益；Landsat 8 使用 band11 高增益（高增益的 H 通道比较适合常规条件下反演，精度高于低增益 L 通道），利用 ERDAS 9.3 的空间建模工具来实现，如图4.3 所示。

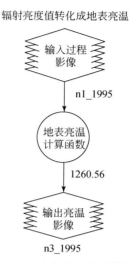

图4.3　地表亮度温度计算模型

3. 大气校正

通过 Chander 等（2009）公式对辐射亮度值进行校正，转化为大气顶部反射率：

$$\rho_{band} = \prod Ld2 / E_0 \cos\theta \tag{4.3}$$

式中，ρ_{band} 为大气校正后各波段的大气顶部反射率（TOA reflectance）；L 为辐射亮度（at-sensor radiance），即式（4.1）和式（4.2）中的 L_λ；d 为日地天文单位距离（earth-sun distance），通常情况下数值接近1；E_0 为大气层顶部的太阳平均辐照度（spectral solar irradiance on the top of the atmosphere），可通过表4.1和表4.2获取；θ 为成像时的太阳天顶角，它是太阳高度角的余角，数据说明文件中已有，见表4.3。

表4.1　Landsat 5 大气层顶部的太阳平均辐照度

Landsat 5 波段	Landsat 5 太阳平均辐照度 E_0
1	1057.0
2	1829.0
3	1557.0
4	1047.0
5	219.3
7	74.5

表 4.2　Landsat 7、Landsat 8 大气层顶部的太阳平均辐照度

Landsat 7 波段	Landsat 8 波段	Landsat 7、Landsat 8 太阳平均辐照度 E_0
band 1	2	1969.000
band 2	3	1840.000
band 3	4	1551.000
band 4	5	1044.000
band 5	6	225.700
band 7	7	82.07
band 8	8	1368.000

表 4.3　各期影像的太阳天顶角

年份	太阳天顶角 θ
1995	34.85002
2004	60.85189
2006	28.69341
2010	23.56503
1999	61.79327
2000	57.59947
2011	23.48309
2013	21.66267

通过式（4.2），利用 ERDAS 9.3 的空间建模工具对每个波段进行大气校正，即可获得大气顶部反射率数据。

4. 地表比辐射率的校正

对于 Landsat TM/ETM 影像，计算地表比辐射率的方法较多，本书基于地表比辐射率值与 NDVI 值的经验公式来确定不同土地覆盖类型的地表比辐射率（涂梨平，2006），该方法简单易行，需要的参数少，精度较高，具有很好的推广使用价值。

（1）NDVI 计算

NDVI 经常被用于土地覆盖监测，或生态环境演变与植被之间的研究，能有效地表征植被覆盖的绿量、密度和植被的健康状况，是土地植被覆盖的重要指标。对于 TM 影像，NDVI 可由如下计算公式获得

$$NDVI = (\rho_{band4} - \rho_{band3}) / (\rho_{band4} + \rho_{band3}) \qquad (4.4)$$

式中，ρ_{band3}、ρ_{band4} 分别是经过大气校正后的 TM 第 3 波段和 TM 第 4 波段的大气顶部反射率，可由公式计算得到。利用 ERDAS 9.3 的空间建模工具来实现，如图 4.4 所示。

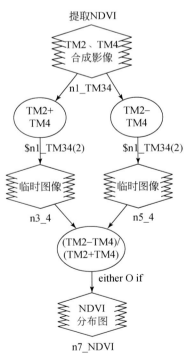

图 4.4　NDVI 计算模型

（2）地表比辐射率计算

一般会采用研究区自然地表的比辐射率与 NDVI 之间的相关关系来计算获得地表比辐射率。根据 Van De Griend 和 Owe（1993）的经验公式，得到：

$$\varepsilon = 1.0094 + 0.047 \ln NDVI \tag{4.5}$$

当 NDVI<0 时，$\varepsilon = 0.9925$；

当 0<NDVI<0.157 时，$\varepsilon = 0.923$；

当 NDVI>0.727 时，$\varepsilon = 0.994$。

式（4.5）是在自然地表上进行总结的，NDVI 阈值必须在 0.157~0.727，否则这个公式就不再适用。水体的 NDVI 值为负，建成区的 NDVI 值接近 0，均不适用于此公式，根据 Sobrino 等（2004）的研究，结合西安市的土地覆盖情况，可以认为 NDVI 小于 0 的像元主要是水，地表比辐射率为 0.9925；NDVI 位于 0~0.157 一般是城市水泥地表，地表比辐射率近似为 0.923；NDVI 大于 0.727 的可以看作植被完全覆盖，地表比辐射率为 0.994；其他按照公式计算。利用 ERDAS 9.3 的空间建模工具来实现上述计算，如图 4.5 所示。

计算比辐射率

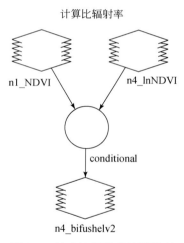

图 4.5　地表比辐射率计算模型

先通过 either 0 if（$ n1_NDVI == 0）or log（$ n1_NDVI）otherwise 计算 lnNDVI；再通过 conditional｛（-1<= $ n1_NDVI < 0）0.9925，（0 <= $ n1_NDVI <= 0.157）0.923，（0.157 < $ n1_NDVI < 0.727）1.0094 + 0.047× $ n4_lnNDVI，（0.727 <= $ n1_NDVI <= 1）0.994｝计算比辐射率 ε。

5. 地表温度计算

在已获得像元亮度温度和地表比辐射率 ε 的基础上，地表温度可由以下公式获取：

$$LST = T / (1 + (\lambda T / \rho) \ln \varepsilon) \tag{4.6}$$

式中，T 为计算出的地表亮温；λ 为有效波普范围内的最大灵敏度值，平均 $\lambda = 11.5 \mu m$；$\rho = 1.438 \times 10^{-2}$ mK；ε 是式（4.5）中计算出的地表比辐射率（Artis and Carnahan，1982）。

利用 ERDAS 9.3 的空间建模工具来实现计算。先通过 either 0 if（$ n1_bifushelv1 ==0）or log（$ n1_bifushelv1）otherwise 计算 lnε；再通过式（4.6）计算地表实际温度 T。利用 ERDAS 9.3 的空间建模工具来实现，如图 4.6 所示。

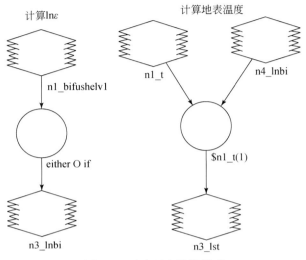

图 4.6　地表温度计算模型

基于遥感热红外数据反演的 8 期地表温度结果如图 4.7 所示。

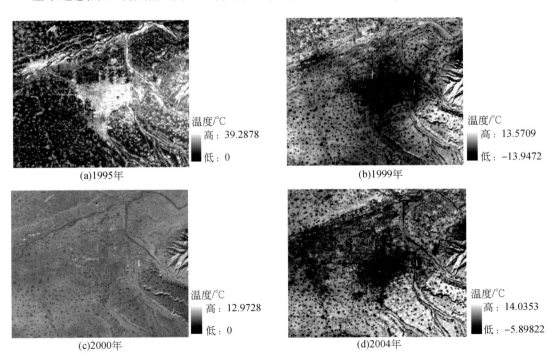

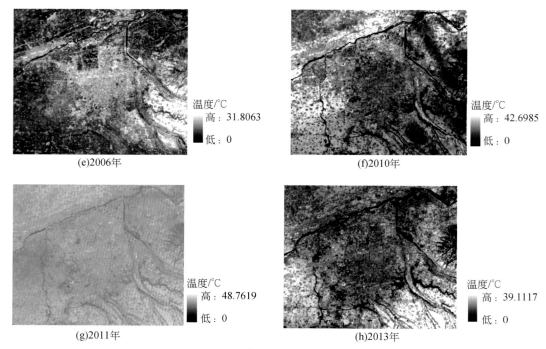

图 4.7　8 期地表温度反演结果

4.2.4　反演结果改正与精度验证

1. 气象资料数据空间化

使用收集的 1995 年 5 月 7 日、1999 年 12 月 20 日、2000 年 11 月 20 日、2004 年 1 月 24 日、2006 年 8 月 9 日、2010 年 6 月 17 日、2011 年 6 月 28 日、2013 年 6 月 25 日的多期西安站气象数据，以及 2011 年 6 月 28 日、2013 年 6 月 25 日的区域站气象数据，验证以上基于 Landsat 数据反演的西安市城区地表温度。具体验证步骤如下。

1）在 ArcGIS 9.3 中新建点状矢量要素层，并使用 File—Add Data—Add XY Data 功能，基于经纬度坐标把气象数据空间化，生成点状要素，空间化方法如图 4.8 所示。

2）在 ArcGIS 9.3 中，使用 Layers—Joins and Relates—Join 功能将点状要素的空间位置与气象数据表中的经纬度信息对应，然后再挂接其他属性表，方法如图 4.9 所示。

西安站在研究区的分布情况如图 4.10 所示，区域站在研究区的分布情况如图 4.11 所示。说明气象数据较为均匀地分布在西安市建成区中心和周边，能够为遥感反演西安市地表温度的结果提供合理的验证依据。

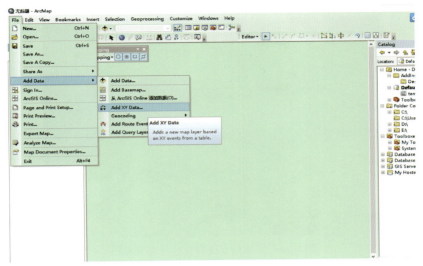

图 4.8 气象数据空间化方法

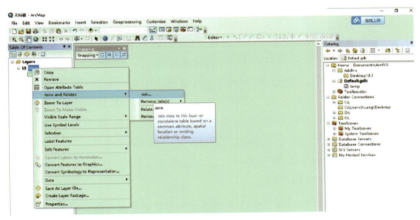

图 4.9 气象数据挂接属性方法

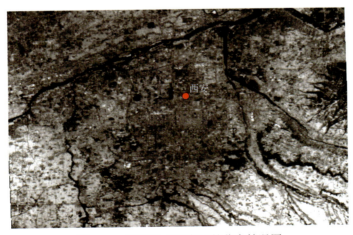

图 4.10 西安站在研究区的分布情况图

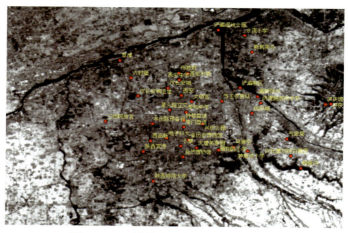

图 4.11　区域站在研究区的分布情况图

2. 遥感反演温度的改正数计算

测量学中，改正数是常用的误差纠正方法。改正数在误差范围内，差值是总的理论值和实际值之间的差值，把这个差值按一定比例分配到每个单元的数值中去以提高精度。

通过使用 1995 ~ 2013 年，1995 年 5 月 7 日、1999 年 12 月 20 日、2000 年 11 月 20 日、2004 年 1 月 24 日、2006 年 8 月 9 日、2010 年 6 月 17 日、2013 年 6 月 25 日的西安站站点的温度作为基准（去除没有观测数据的无效值），将反演温度与站点温度的绝对差的平均值作为改正数，对基于遥感热红外数据反演的地表温度进行改正，使其反演准确度更高。经过计算，遥感反演温度的改正数为 6.91，见表 4.4。在反演温度的基础上减去该改正数，即可获得相对准确的地表温度值。

表 4.4　基于 1995 ~ 2013 年西安站气象数据的改正数计算表

时间	区站号	纬度	经度	站名	站点温度/℃	反演温度/℃	绝对差	改正数
1995 年 5 月 7 日 02	V8870	34.30	108.93	西安	18.3	26.85	8.55	
1999 年 12 月 20 日 02	V8870	34.30	108.93	西安	−7	0.24	7.24	
2000 年 11 月 20 日 02	V8870	34.30	108.93	西安	2	7.28	5.28	
2004 年 1 月 24 日 02	V8870	34.30	108.93	西安	−4.2	2.74	6.94	
2006 年 8 月 9 日 03	V8870	34.30	108.93	西安	—	26.01	—	6.91
2010 年 6 月 17 日 03	V8870	34.30	108.93	西安	26.5	31.30	4.80	
2011 年 6 月 28 日 03	V8870	34.30	108.93	西安	—	33.74	—	
2013 年 6 月 25 日 03	V8870	34.30	108.93	西安	22.9	31.55	8.65	

3. 绝对误差计算

绝对误差 = 测量值 − 真实值（即测量值与真实值之差的绝对值）。

　　将同一时间和地点的站点温度、反演温度、修正后的温度导出，在 Excel 中利用绝对误差的公式计算，根据 2011 年区域站、2013 年区域站的实测气象数据计算得到绝对误差和平均误差（绝对误差的平均值）结果，见表 4.5 和表 4.6。

表 4.5　基于 2011 年区域站气象数据的误差计算表

区站号	北纬	东经	站名	站点温度/℃	反演温度/℃	修正后的温度/℃	绝对误差/℃	平均误差/℃
V8801	34.25°	108.889°	丰庆路预备役	23.1	34.2	27.29	4.19	
V8802	34.22°	108.9509°	省历史博物馆	21.2	34.0	27.09	5.89	
V8803	34.25°	108.975°	兴庆公园	21.3	33.2	26.29	4.99	
V8804	34.20°	108.874°	陕西宾馆	23.4	32.1	25.19	1.79	
V8805	34.29°	109.007°	苏王收费站	21.9	34.77	27.86	5.96	
V8806	34.27°	108.94°	爱知中学	25.1	35.5	28.59	3.49	
V8807	34.23°	108.91°	电子科大	23.3	33.7	26.79	3.49	
V8808	34.21°	109.02°	马腾空	21.7	33.2	26.29	4.59	
V8809	34.27°	109.05°	纺织城	23.7	30.93	24.02	0.32	
V8810	34.17°	109.14°	鲸鱼沟	21.6	32.9	25.99	4.39	
V8811	34.33°	108.85°	六村堡	22.8	30.42	23.51	0.71	3.45
V8851	34.30°	109.06°	灞桥防办	23.5	32.7	25.79	2.29	
V8852	34.21°	108.93°	小寨	23.3	33.4	26.49	3.19	
V8853	34.29°	109.18°	洪庆塬	25.5	31.3	24.39	−1.11	
V8854	34.22°	108.88°	西高新	23.6	32.9	25.99	2.39	
V8855	34.32°	109.03°	浐灞新区	21	30.8	23.89	2.89	
V8856	34.25°	108.80°	三桥阿房宫	21.9	29	22.09	0.19	
V8857	34.36°	108.83°	草滩	19.7	30.8	23.89	4.19	
V8858	34.33°	108.93°	西安中学	22.7	40	33.09	10.39	
V8859	34.19°	108.34°	自然博物馆	21.3	31.6	24.69	3.39	
V8860	34.20°	109.00°	雁翔路小学	20	32	25.09	5.09	
V8862	34.27°	108.91°	星火路立交	23.1	33.4	26.49	3.39	

表 4.6　基于 2013 年区域站气象数据的误差计算表

区站号	北纬	东经	站名	站点温度/℃	反演温度/℃	修正后的温度/℃	绝对误差/℃	平均误差/℃
V8801	34.25°	108.88°	丰庆路预备役	25.1	30.36	23.45	−1.65	
V8802	34.22°	108.95°	省历史博物馆	22.7	30.24	23.33	0.63	0.36
V8803	34.25°	108.97°	兴庆公园	22.5	29.72	22.81	0.31	
V8804	34.20°	108.87°	陕西宾馆	22.4	28.84	21.93	−0.47	

区站号	北纬	东经	站名	站点温度/℃	反演温度/℃	修正后的温度/℃	绝对误差/℃	平均误差/℃
V8805	34.29°	109.00°	苏王收费站	23.5	30.93	24.02	0.52	
V8806	34.27°	108.94°	爱知中学	23.6	31.62	24.71	1.11	
V8807	34.23°	108.91°	电子科大	24.1	30.24	23.33	-0.77	
V8808	34.21°	109.02°	马腾空	24.1	30.24	23.33	-0.77	
V8809	34.27°	109.05°	纺织城	23.7	30.93	24.02	0.32	
V8810	34.17°	109.14°	鲸鱼沟	19.2	28.84	21.93	2.73	
V8811	34.33°	108.85°	六村堡	22.8	30.42	23.51	0.71	
V8851	34.30°	109.06°	灞桥防办	26.8	30.44	23.53	-3.27	
V8852	34.21°	108.93°	小寨	23.8	30.24	23.33	-0.47	
V8853	34.29°	109.18°	洪庆塬	20.2	31.74	24.83	4.63	0.36
V8854	34.22°	108.88°	西高新	23.2	30.37	23.46	0.26	
V8855	34.32°	109.03°	浐灞新区	22.2	30.35	23.44	1.24	
V8856	34.25°	108.80°	三桥阿房宫	22.7	30.32	23.41	0.71	
V8857	34.36°	108.83°	草滩	19.7	28.14	21.23	1.53	
V8858	34.33°	108.93°	西安中学	22.5	32.47	25.56	3.06	
V8860	34.20°	109.00°	雁翔路小学	23.4	30.24	23.33	-0.07	
V8862	34.27°	108.91°	星火路立交	24.6	30.24	23.33	-1.27	
V8863	34.26°	108.94°	钟楼盘道	25.2	30.93	24.02	-1.18	
V8864	34.24°	108.94°	南门盘道	24.7	30.93	23.45	-1.65	

可见，2011 年 6 月 28 日区域站站点温度与反演温度的绝对误差的平均值为 3.45℃，2013 年区域站站点温度与反演温度的绝对误差的平均值为 0.36℃，精度较高，遥感反演的地表温度结果可以满足研究的需要。使用 Landsat 遥感数据反演的温度与站点实测的温度相比是偏高的，原因如下。

1）由于陆地表面比辐射率和大气影响具有不确定性，利用遥感数据的热红外波段不适用于实时气象参数进行校正的情况下，反演地面实际温度是具有一定的难度的。通常，在进行大气模拟和地表温度反演时，往往缺乏实时的标准大气轮廓线数据和实时的大气数据，同时，自然条件、大气情况、传感器类型千差万别，以及混合像元等问题的存在，反演获得的地表温度与实际相比有一定差距，目前这也是一个研究的热点和难点（戴晓燕，2008）。

2）这里需要指出，通过遥感热红外数据反演的地表温度实际为地表辐射温度，是地表辐射能量状态的一种外部表现形式，其被热传感器探测到并反演出来，它与地表的发射率紧密相关。而气象观测数据为地表气象站点获取的真实温度，是真实的分子动力学温度。对于相同真实温度的地表而言，其地表发射率不同导致其向外辐射的能量也不同，造成遥感影像反演的地表温度与实际各站观测温度出现差异。

3）有研究表明，通过对大气校正法、单窗算法和普适性单通道算法这三种方法进行对比，得出的三种地表温度的遥感反演算法都能够较好地反映地表温度的相对变化情况，即在不同下垫面上的空间分布趋势。一般情况下，普适性单通道算法反演的地表温度值最高，其次是大气校正法，单窗算法反演的地表温度值最小（白洁等，2008）。

4）气象站的构成与工作原理分为人工站和自动站两种，人工站的数据为人工采集；自动站的数据通过传感器、数据采集器、外围设备等采集得出。采集过程中也存在一定的系统误差，即由量具、工具、人为因素等所引起的误差。

本书研究的核心内容——城市热岛效应与温度的相对强度紧密相关，与温度的绝对值没有直接关联，因此，遥感反演的地表温度与气象站点之间的绝对误差对本书的后续研究没有直接影响。

4. 相似度计算

城市热岛效应是一个相对强度的概念，众多研究者致力于同一时刻城市区域与外围郊区的温度差的研究。通常，基于遥感数据反演的某区域地表温度的相对变化情况可以用来研究该区域的城市热岛效应（王天星等，2007）。对于本书的城市热岛效应研究来说，其更加关注的是某一时刻、同一地区地表温度的相对强度、分布规律和变化特征，并不太关注温度的绝对值。由遥感反演温度与气象资料站点温度的相似度计算，可以确定遥感反演温度的稳定性，直接影响后续城市热岛效应的特征分析结果。

在 Excel 中，以 1995～2013 年的时间为横坐标，温度为纵坐标，生成 1995～2013 年西安站站点温度与反演温度比较的折线图，如图 4.12 所示，可以发现，站点温度与反演温度的变化趋势基本一致，具有很高的相似性。分别以 2011 年和 2013 年的站点为横坐标，温度为纵坐标，生成 2011 年站点温度与反演温度比较的折线图，以及 2013 年站点温度与反演温度比较的折线图，如图 4.13 和图 4.14 所示。同样可以发现，除个别异常值外，站点温度与反演温度的变化趋势基本一致，具有很高的相似性。可以看出，无论是时间上的纵向比较，还是空间上的横向比较，遥感反演的地表温度与其相应的气象数据变化趋势一致，对整个区域地表温度的变化过程反演较好，能够很好地反映该区域的温度变化特征。

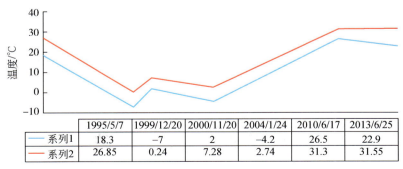

	1995/5/7	1999/12/20	2000/11/20	2004/1/24	2010/6/17	2013/6/25
系列1	18.3	−7	2	−4.2	26.5	22.9
系列2	26.85	0.24	7.28	2.74	31.3	31.55

图 4.12　1995～2013 年西安站站点温度与反演温度比较图

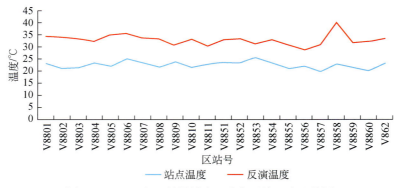

图 4.13　2011 年区域站站点温度与反演温度比较图

图 4.14　2013 年区域站站点温度与反演温度比较图

　　相关性图表能够反映两个变量之间的相互关系，但无法确切地表明两个变量之间的相关程度。英国著名数学家、生物统计学家卡尔·皮尔逊提出的统计指标——相关系数，是用来反映变量之间相关关系的密切程度。反映两个变量间线性相关关系的统计指标称为线性相关系数；反映两变量间曲线相关关系的统计指标称为非线性相关系数；反映多元线性相关关系的统计指标称为复相关系数。相关系数是按积差方法计算的，以两变量与各自平均值的离差为基础，通过两个离差相乘来反映两变量间的相关程度。相关系数的值为−1 ～ 1。当相关系数大于 0 时，表示两变量为正相关，当相关系数小于 0 时，表示两变量为负相关，两变量存在一定程度的线性相关。相关系数越接近于 1，两变量间的线性关系越密切，当相关系数等于 1 时，表示两变量为完全线性相关。相关系数越接近于 0，表示两变量的线性相关越弱，当相关系数等于 0 时，表示两变量间无线性相关关系（郭红霞，2010）。

　　基于该理论，在 Excel 中，利用统计函数 f_x = CORREL（Array1，Array2）分别对 1995 ～ 2013年西安站、2011 年区域站和 2013 年区域站的站点温度与反演温度的相关系数进行计算。式中，f_x是指相关系数，Array1 分别是指表 4.4、表 4.5、表 4.6 中的站点温度序列，Array2 分别是指表 4.4、表 4.5、表 4.6 中的反演温度序列。除去异常值，1995 ～ 2013 年西安站的站点温度与反演温度相关系数为 0.99；2011 年区域站的站点温度与反演温度相关系数为 0.46，2013 年区域站的站点温度与反演温度相关系数为 0.63。

根据相关系数的等级划分标准，其一般可划分为三级：相关系数小于 0.4 为低度线性相关；相关系数小于 0.7 且大于 0.4 为显著线性相关；相关系数小于 1 且大于 0.7 为高度线性相关（王爱莲和史晓燕，2010）。通过比较，结果说明站点温度与遥感反演温度呈显著正相关，遥感反演温度可以作为后续城市热岛效应研究的数据基础。

4.2.5　地表温度归一化处理

归一化是一种将复杂问题简化的计算方式，归一化之后，原始数据从有量纲变为无量纲，成为标量。这种处理手段可以使代表某种意义的数值从绝对值变成相对值，具有可比性。研究区采用的数据是不同季节的多时相影像，本身并不具备可比性，为了去除环境、天气和季节的差异使其在相对条件下具有可比性，因此对不同期影像进行归一化处理。同时，归一化之后误差的绝对值也不存在，相似性依然存在，数据更适合开展城市热岛效应的后续研究。

对遥感反演的地表温度进行归一化处理，方法如下：

$$T_g = （t - t_{min}） / （t_{max} - t_{min}） \tag{4.7}$$

式中，T_g 为像元归一化后的值，变化范围为 0～1；t 为像元的绝对温度值；t_{min} 和 t_{max} 分别为归一化之前的地面绝对最低温度和最高温度值。

利用 ERDAS 9.3 的空间建模工具来实现，如图 4.15 所示。

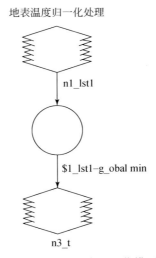

图 4.15　地表温度归一化模型

通过（$ n1_lst1 - global min（$ n1_lst1））/（global max（$ n1_lst1）- global min（$ n1_lst1））计算归一化后的地表实际温度。

经过反演和归一化处理，西安市多期地表温度归一化成果如图 4.16 所示，归一化后的温度被拉伸至 0～1，数值越大，温度越高，反之亦然。

(a)1995年　　　　　　　　　　(b)1999年

(c)2000年　　　　　　　　　　(d)2004年

(e)2006年　　　　　　　　　　(f)2010年

(g)2011年　　　　　　　　　　(h)2013年

□ 0~0.5
□ 0.500000000~0.6
□ 0.600000000~0.7
□ 0.700000000~0.8
■ 0.800000000~0.9
■ 0.900000000~1

图 4.16　西安市地表温度归一化图

4.3　地表温度与城市下垫面的关系

在一定的自然资源条件下，经济、人口、环境、政策等人文因素都是城市发展的驱动因子。近些年，在多元政策的带动下，西安市城市化进程加快，其中一个具体表象就是城市的外部空间扩张和内部结构布局改变，即城市下垫面改变。已有研究表明，不同的地表覆盖类型上呈现出明显的地表温度差异，说明该区域存在明显的城市热岛效应（谢启姣，2011）。本节就对 1995～2013 年，1995 年、2006 年、2013 年 3 个时期的地表温度与城市下垫面关系进行定量研究，确定西安市城市热岛效应的存在性。其他年份不再重复论证。

4.3.1　地物要素快速提取

国家质量监督检验检疫总局和中国国家标准化管理委员会于 2007 年 8 月 10 日联合发布《土地利用现状分类》（GB/T 21010—2007），国家标准采用一级、二级两个层次的分类体系，共分 12 个一级类、57 个二级类。其中，一级类包括耕地、园地、林地、草地、商服用地、工矿仓储用地、住宅用地、公共管理与公共服务用地、特殊用地、交通运输用地、水域及水利设施用地、其他土地。

根据该标准，本研究区内的地表覆盖类型划分为建设用地、绿地、水体、裸地。为了便于计算及更直观地体现地表温度与城市下垫面的关系，本书采用指数快速提取法来对研究区地表进行分类，分别利用其中三期影像的不同波段进行归一化建筑指数（NDBI）、NDVI、改进的归一化水体指数（MNDWI）、裸地指数（BI）的快速提取，各个指数的变化能够体现地表地物要素的变化。提取时利用前述各波段经过大气校正后的大气顶部反射率进行计算。

1. NDBI 信息提取

NDBI 定义为中红外波段和近红外波段数值之差，以及这两个波段数值之和的比值。它是建筑物状态的最佳指示因子，计算公式为

$$NDVI = (B_5 - B_4) / (B_5 + B_4) \qquad (4.8)$$

式中，B_5 和 B_4 分别为 TM5 和 TM4 波段的大气顶部反射率值。

2. NDVI 信息提取

NDVI 定义为近红外波段和可见光波段数值之差，以及这两个波段数值之和的比值。它是植被生长状态和植被覆盖度的最佳指示因子，常用于指示植被的数量特征，计算公式为

$$NDVI = (B_4 - B_3) / (B_4 + B_3) \qquad (4.9)$$

式中，B_3 和 B_4 分别为 TM3 和 TM4 波段的大气顶部反射率值。

3. MNDWI 信息提取

Mcfeeters（1996）在构建 NDWI 时只考虑到了植被因素，却忽略了地表的另一个重要地类——土壤、建筑物。因此，通常计算出来的 NDWI 指数中，建筑物和土壤也呈正值，有的数值还比较大，容易与水体混淆，形成噪声（易佳等，2008）。因此，采用 MNDWI，这种指数能把水体与建筑物区分得更加明显（徐涵秋，2005），计算公式为

$$MNDWI = (B_2 - B_5) / (B_2 + B_5) \tag{4.10}$$

式中，B_2 和 B_5 分别为 TM2 和 TM5 波段的大气顶部反射率值。

4. BI 信息提取

BI 根据地表植被覆盖程度和裸土指数的负相关性，表示为

$$BI = ((B_5+B_3) - (B_4+B_1)) / ((B_5+B_3) + (B_4+B_1)) \tag{4.11}$$

式中，B_5、B_3、B_4、B_1 分别为 TM5、TM3、TM4、TM1 波段的大气顶部反射率值。

通过 ERDAS9.3 建模工具，分别对 1995 年、2006 年、2013 年的数据进行计算，获得的信息提取结果，即 NDBI、NDVI、MNDWI、BI 指数的反演值均介于 -1~1，值越小，色调越暗，说明该要素的覆盖率越低；反之，值越大，色调越亮，说明该要素的覆盖率越大，如图 4.17 所示。

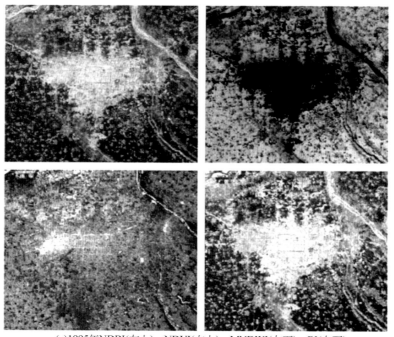

(a)1995年NDBI(左上)、NDVI(右上)、MNDWI(左下)、BI(右下)

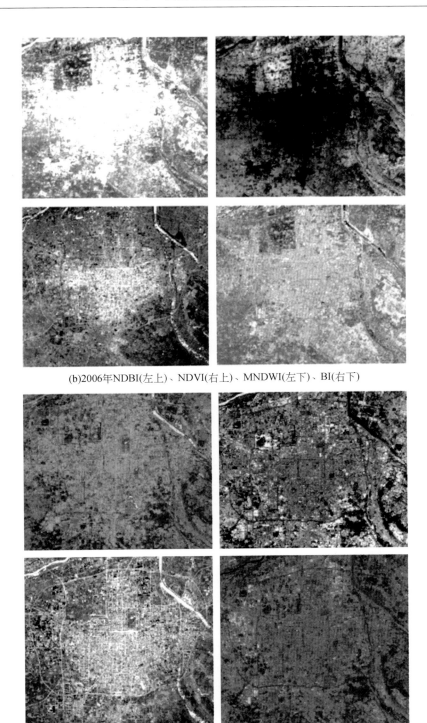

(b)2006年NDBI(左上)、NDVI(右上)、MNDWI(左下)、BI(右下)

(c)2013年NDBI(左上)、NDVI(右上)、MNDWI(左下)、BI(右下)

图 4.17　NDBI、NDVI、MNDWI、BI 分布图

4.3.2　地表温度与 NDBI、NDVI、MNDWI、BI 的关系

根据 4.3.1 小节中获得的 1995 年、2006 年、2013 年的归一化地表温度，在 1995 年、2006 年、2013 年地表温度与 NDBI、NDVI、MNDWI、BI 的成果数据上，分别均匀、随机地提取 30 个样本数据，统计样本点的值，见表 4.7 ~ 表 4.9。

表 4.7　1995 年地表温度与 NDBI、NDVI、MNDWI、BI 的随机样本

年份编码 ID	1995 年				
	T	NDBI	NDVI	MNDWI	BI
1	0.5527	−0.3859	0.5469	−0.2727	−0.1127
2	0.597	−0.4711	0.6252	−0.2632	−0.1946
3	0.6406	0.1783	0.2976	−0.3217	0.1783
4	0.7785	−0.386	0.5469	−0.2885	−0.0822
5	0.586	−0.4261	0.5889	−0.2766	−0.1549
6	0.7155	−0.1064	0.3059	−0.3374	0.1658
7	0.6943	−0.1525	0.3378	−0.3281	0.1111
8	0.7156	−0.4309	0.588	−0.3694	−0.0732
9	0.6622	−0.3333	0.5097	−0.3739	0.0327
10	0.6189	−0.3137	0.4896	−0.3143	0.0147
11	0.7262	0.0275	0.1727	−0.2358	0.1783
12	0.7156	0	0.1957	−0.2269	0.1587
13	0.6514	−0.1695	0.3575	−0.163	0.1429
14	0.7156	0.4359	0.5939	−0.2708	−0.1586
15	0.8096	−0.0562	0.2517	−0.3211	0.1048
16	0.7367	0.0081	0.1957	−0.3113	0.2357
17	0.7262	−0.2101	0.4037	−0.3115	0.0526
18	0.6622	−0.36	0.5253	−0.1858	0.0173
19	0.6729	−0.3226	0.5025	−0.3731	0.0575
20	0.6943	−0.1456	0.3359	−0.2545	0.0781
21	0.6729	0.028	0.1607	−0.2358	0.1875
22	0.705	−0.033	0.2231	−0.1837	0.1048
23	0.586	−0.2844	0.4632	−0.1427	−0.0448
24	0.8096	−0.0891	0.2924	−0.287	0.1473
25	0.6079	−0.3396	0.5102	−0.2745	−0.0441
26	0.6297	−0.3719	0.5438	−0.3684	−0.0311
27	0.6079	−0.3043	0.4778	−0.2504	0.026
28	0.6514	−0.271	0.4485	−0.3675	0.0811
29	0.7262	−0.0538	0.2486	−0.2545	0.1695
30	0.6406	−0.3125	0.4853	−0.26	0.0059

表 4.8　2006 年地表温度与 NDBI、NDVI、MNDWI、BI 的随机样本

年份编码 ID	2006 年				
	T	NDBI	NDVI	MNDWI	BI
1	0.7644	−0.1318	0.3195	−0.1587	0
2	0.7509	−0.3878	0.5425	−0.0558	−0.1
3	0.8179	−0.1186	0.3041	−0.2366	0.102
4	0.8577	−0.1774	0.3162	−0.1724	0.0769
5	0.7509	−0.2889	0.4589	−0.2576	−0.0235
6	0.7779	−0.0833	0.3077	−0.2976	0.1257
7	0.8046	−0.1449	0.3315	−0.2185	0.1477
8	0.7779	−0.2028	0.3937	−0.2603	0.0115
9	0.7644	−0.1241	0.3124	−0.2	0.061
10	0.7374	−0.1376	0.3248	−0.187	0.058
11	0.8173	0.0551	0.1424	−0.2133	0.2053
12	0.8577	0.024	0.1728	−0.1655	0.1428
13	0.7509	−0.1864	0.3689	−0.1089	−0.0769
14	0.8646	0.1156	0.3047	−0.2771	0.1277
15	0.8445	−0.0175	0.2128	−0.1261	0.072
16	0.818	0	0.1959	−0.1825	0.1571
17	0.7644	−0.1318	0.3195	0.2254	0.0875
18	0.8179	−0.1387	0.3258	−0.1888	0.0429
19	0.8046	−0.0207	0.2158	−0.2809	0.2128
20	0.818	−0.0308	0.2254	−0.1918	0.1299
21	0.8445	0.0317	0.1652	−0.1631	0.1469
22	0.8445	0	0.1959	−0.1429	0.1077
23	0.818	−0.1223	0.3108	−0.3736	0.2315
24	0.8708	−0.0678	0.2603	−0.1563	0.0803
25	0.8312	−0.0152	0.2105	−0.2	0.1465
26	0.818	−0.0286	0.3165	−0.24	0.0814
27	0.7644	−0.1268	0.3149	−0.2162	0.0588
28	0.818	−0.0676	0.2601	−0.3149	0.202
29	0.8064	−0.0427	0.2367	−0.1074	0.0469
30	0.7374	−0.2676	0.4405	−0.209	0.0526

表 4.9　2013 年地表温度与 NDBI、NDVI、MNDWI、BI 的随机样本

年份编码 ID	2013 年				
	T	NDBI	NDVI	MNDWI	BI
1	0.7376	−0.1111	−0.0172	−0.0455	−0.0417
2	0.7753	−0.0957	0.0208	0.113	0.0079
3	0.7376	−0.3153	0.0414	−0.1429	−0.1318
4	0.8307	−0.1404	0.0034	−0.1171	−0.0236
5	0.813	−0.1607	0.0033	−0.1376	−0.0236
6	0.829	−0.1009	0.0123	−0.1091	0.0083
7	0.7795	−0.2479	0.0006	−0.1456	−0.1061
8	0.8098	−0.129	0.0491	−0.1724	0
9	0.7969	−0.1892	0.0001	−0.1964	0.0075
10	0.7017	−0.3208	0.0444	−0.0909	−0.1864
11	0.7732	−0.1892	−0.0001	−0.1176	−0.0732
12	0.7784	−0.1238	0.0015	−0.1132	0
13	0.826	−0.037	−0.0202	−0.0238	0.0118
14	0.7376	−0.1569	−0.0091	−0.102	−0.0442
15	0.7767	−0.1429	0.0056	−0.1089	−0.0345
16	0.7909	−0.2222	−0.0201	−0.2	0
17	0.7197	−0.3069	−0.0439	−0.1034	−0.1579
18	0.7927	−0.115	0.0274	−0.1429	0.0079
19	0.7579	−0.1207	0.0137	−0.1228	−0.0078
20	0.7555	−0.1569	0.0043	−0.1042	−0.0536
21	0.7576	−0.115	0.0183	−0.1404	0.0156
22	0.7926	−0.1296	0.0302	−0.1667	0.0161
23	0.7921	−0.0827	0.0485	−0.1538	0.0204
24	0.8608	−0.134	−0.0056	−0.1064	−0.028
25	0.826	−0.134	−0.0181	−0.102	−0.0092
26	0.7922	−0.1339	0.0469	−0.2308	0.0526
27	0.7732	−0.1509	−0.0109	−0.1068	−0.0339
28	0.826	−0.1897	−0.0137	−0.1273	−0.0534
29	0.7732	−0.2525	0.0344	−0.1011	−0.1171
30	0.7732	−0.1765	0.0149	−0.0851	−0.0811

城市下垫面的变化通常是在城市化发展过程中发生的，自然地表被城市不透水层所取代，必然会引起地表热辐射加剧，导致城乡温度差异，形成城市热岛效应。通过确定地表温度和地表覆盖类型之间的关系，可以确定城市热岛效应。通过以上研究可以发现，西安市城区城市下垫面的性质不同，地表温度存在明显的差异，即西安市存在明显的城市热岛效应。

4.4　本章小结

1）本书利用西安市多期 Landsat 影像，采用 Artis 和 Canaha 及 Weng 等提出的单通道算法，在 ERDAS 9.3、ENVI 4.2 和 ArcGIS 9.3 等软件的支持下，提取了研究区内的地表温度，并对 1995 年 5 月 7 日、1999 年 12 月 20 日、2000 年 11 月 20 日、2004 年 1 月 24 日、2006 年 8 月 9 日、2010 年 6 月 17 日、2011 年 6 月 28 日、2013 年 6 月 25 日的多期西安站气象数据，以及 2011 年 6 月 28 日、2013 年 6 月 25 日的区域站气象数据气象资料进行了验证，结果表明，基于遥感反演的地表温度精度符合要求，且与实际温度具有很高的相似度，能够用来进行城市热岛效应的研究。

2）利用基于 1995 年、2006 年、2013 年不同时段的 Landsat 影像提取的西安市的地表温度，以及基于指数法快速提取的城市用地、绿地、水体、裸地进行线性回归分析，可知，城市热岛效应与绿地、水体成负相关，与建筑物、裸地成正相关。基于指数法提取地表覆盖类型的方法快速、可行、准确，相对于传统分类方法更具有统计学意义，实现了从定性到定量的转变。

3）西安市城区城市下垫面的性质不同，地表温度存在明显的差异，导致城乡温度差异，造成城市热岛效应，表明西安市城区存在明显的城市热岛效应。

参 考 文 献

白洁，刘绍民，扈光．2008．针对 TM/ETM+遥感数据的地表温度反演与验证．农业工程学报，24（9）：148-154.

戴晓燕．2008．基于遥感数据挖掘定量反演城市化区域地表温度研究．华东师范大学博士学位论文.

郭红霞．2010．相关系数及其应用．武警工程学院学报，26（2）：3-5.

刘转年，阴秀菊．2008．西安城市热岛效应及气象因素分析．干旱区资源与环境，22（2）：87-90.

秦福莹．2008．热红外遥感地表温度反演方法应用与对比分析研究．内蒙古师范大学硕士学位论文.

史同广，王丽娟，孟飞．2008．济南市热岛效应遥感反演．山东建筑大学学报，23（6）：482-485.

孙家柄．2009．遥感原理与应用．武汉：武汉大学出版社.

覃志豪，Li W J，Zhang M H 等．2003．单窗算法的大气参数估计方法．国土资源遥感，15（2）：37-43.

覃志豪，李文娟，徐斌，等．2004．陆地卫星 TM6 波段范围内地表比辐射率的估计．国土资源遥感，61（3）：8-32.

田武文，黄祖英，胡春娟．2006．西安市气候变暖与城市热岛效应问题研究．应用气象学报，17（4）：438-442.

涂梨平．2006．利用 Landsat TM 数据进行地表比辐射率和地表温度的反演．浙江大学博士学位论文.

王爱莲，史晓燕．2010．统计学．西安：西安交通大学出版社.

王天星，陈松林，马娅，等．2007．亮温与地表温度表征的城市热岛尺度效应对比研究．地理与地理信息科学，23（6）：73-77．

谢启姣．2011．城市热岛演变及其影响因素研究．华中农业大学博士学位论文．

解修平，周杰，张海龙，等．2007．基于 Landsat TM 的西安市城市热岛效应研究．河北师范大学学报（自然科学版），31（3）：397-399．

徐涵秋．2005．利用改进的归一化差异水体指数（MNDWI）提取水体信息的研究．遥感学报，9（5）：589-595．

易佳，田永中，高阳华，等．2008．基于 RS 的山地城市热岛效应及其与土地覆被变化关系研究——以重庆市主城区为例．云南师范大学学报，28（6）：62-69．

张春玲，余华，宫鹏，等．2009．武汉市地表亮温与植被覆盖关系定量分析．地理科学，29（5）：740-744．

张仁华．1996．实验遥感模型及地面基础．北京：科学出版社．

赵丽丽，赵云升，董贵华．2006．基于 ETM + 遥感影像的热岛效应监测技术研究．中国环境监测，22（3）：59-63

Artis D A，Carnahan W H. 1982. Survey of emissivity variability in thermography of urban areas. Remote Sensing of Environment，12（4）：313-329.

Chander G，Markham B L，Helder D L. 2009. Summary of current radiometric calibration coefficients for Landsat MSS，TM，ETM+and EO-1 ALI sensors. Remote Sensing Environment，113（5）：893-903.

Kay J E，Gillespie A R，Hansen G B，et al. 2003. Spatial relationships between snow contaminant content，grain size，and surface temperature from multispectral images of Mt. Rainier，Washington，DC（USA）. Remote Sensing of Enviroment，86（2）：216-231.

Mcfeeters S K. 1996. The use of normalized Difference water index（NDWI）in the delineation of open water features. International Journal of Remote Sensing，17（7）：1425-1432.

Ottlé C，Vidal-madjar D. 1992. Estimation of land surface temperature with NOAA-9 data. Remote Sensing of Envionement，40（1）：27-41.

Sobrino J A，Jimenez-Munoz J C，Paolini L. 2004. Land surface temperature retrieval from Landsat TM 5. Remote Sensing of Environment，90：434-440.

Van De Griend A A，Owe M. 1993. On the relationship between thermal emissivity andthe normalized difference vegetation index for nature surfaces. International Journal of Remote Sensing，14（6）：1119-1131.

Weng Q，Lu D S，Schubring J. 2004. Estimation of land surface temperature-vegetation abundancerelationship for urban heat island studies. Remote Sens Environ，89：467-483.

第5章 西安市城市热岛效应的边界确定

地表温度的相异性可以用来表示城市热岛效应。Oke（1995）通过对加拿大城市热岛效应进行多次观测和研究，发现从郊区到城市近郊时气温突然升高，那里被称为气温"陆崖（cliff）"；城市区域气温基本保持平缓，但下垫面性质不同气温有所起伏，被称为气温"高原（plateau）"；城市中心区人口、建筑物密度大，人为排放热量大，气温达到最高点的区域被称为"高峰（peak）"。

温度突变的边缘可以认为是城市热岛效应的边界。然而，如何定量地来界定城市热岛效应的边界问题，目前的研究成果还不多见，本章针对城市热岛效应边界的定量确定问题进行详细阐述。

基于多期边界可以分析西安市城市热岛效应的时空特征及其与城市扩张的关系。大多数大都市区都面临城市扩张，自然植被与空地减少引发一系列城市化问题。这些问题主要是由人口的不断增长所致。城市扩张和城市区域人口的集聚是引起全世界社会问题的根源。100 多年前，世界上约有 15% 的人口居住在城市。而今，这一比例已超过 50%。在过去的 200 年里，世界人口增加了 6 倍，对生态和社会系统造成了很大的压力。在同一时期，城市人口增长了 100 倍，越来越多的人口集中生活在这些即使全部用于城市化发展也相对较少的土地上。城市热岛效应就是城市扩张所带来的一种问题，深入研究两者的内在关系对城市合理规划和有效控制城市热岛效应强度具有现实意义。

5.1 移动窗口分析法的原理

移动窗口分析法（moving split-window analysis）最早是由 Whittaker（1960）用于分析沿湿度梯度植被的分布，后来土壤学家将它用于土壤类型的划分上，是一种典型的一维数值分析法（Webster，1973），是分析景观边界最有力的方法（Webster and Wong，1969）。但是，移动窗口法用于研究城市热岛效应从城市中心到郊区城市热岛效应的边界、梯度分布特征和变化规律的成果还未见。

具体方法如下。

首先，对 8 期影像均以钟楼为中心 C，设立了 C-N、C-S、C-W、C-E、C-NW、C-NE、C-SE、C-SW 8 条样线。其中，C-N、C-S、C-W、C-E 的样线长均为 15 km；C-NW、C-NE、C-SE、C-SW 的样线长均为 21 km。每个像素单元格边长为 30m，这样既可以保证多期的城市范围都包含在内，又可以保证每条样线上的像素数目相同，即 510 个，样线布设情况如图 5.1 所示。

其次，分别在 8 期西安市地表亮温图上沿着每条样线的方向依次对每个像素的地表亮温值进行采样，确定分割窗口宽度分别为 30 个、50 个、100 个像素三种尺度，并且把这些数据按顺序放在窗口内，然后将分割窗平分为两个半窗口，通过每个变量在各半个窗口

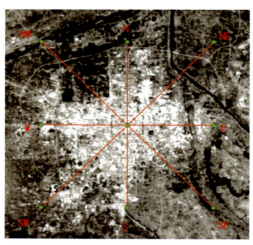

图 5.1 样线布设图（8 期相同）

内的平均值计算、比较两个半窗口内样点的相异性，即相异系数。而后，按窗口顺序向后移动一个样点，重复以上过程，直至整个样线上的所有样点计算完成为止。这样，每条样线上的 510 个样本就会分别产生 481 个、461 个、411 个相异系数值，原理如图 5.2 所示。

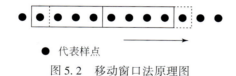

● 代表样点

图 5.2 移动窗口法原理图

最后，计算不同窗口之间的相异性。本书采用平方欧氏距离和（squared euclidean distance，SED）（石培礼和刘兴良，2002）为相异系数来分析热岛强度的分布情况。具体计算公式为

$$\text{SED}_n = \sum_{i=1}^{m} \left(\bar{X}_{iaw} - \bar{X}_{ibw} \right)^2 \tag{5.1}$$

式中，n 为两个半窗口的中点或窗口的停顿点；a 和 b 分别为两个半窗口；w 为窗口的宽度；X 为所测定样点的数值，即每个像素代表的地表温度值，对每个移动窗口中半窗口内各对应取样点的平均值进行计算与比较，根据相异系数的变化就可以反映出地表温度的变化。

5.2 基于移动窗口分析法的城市热岛效应边界提取

基于以上公式，利用 ERDAS 9.3 的二次开发工具，通过编程计算出多期影像在以不同尺度（30 像素、50 像素、100 像素）为窗口的不同方向的样线上，每个像素点的地表温度相异系数，研究不同窗口大小下的地表温度变化情况，综合判断不同尺度下城市热岛效应的边缘。这样更利于消除某单一固定尺度下的噪声对人工解读带来的影响，得到更为

科学、综合的判断。开发后的计算界面如图 5.3 所示。

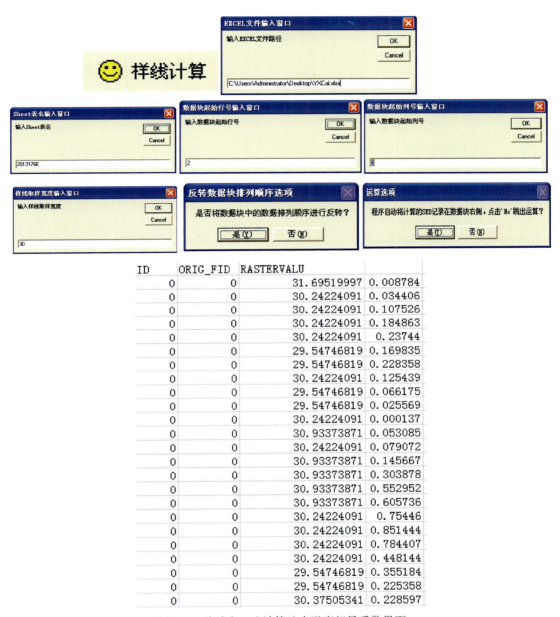

图 5.3　移动窗口法计算地表温度相异系数界面

　　以计算所得的地表温度相异系数 SED 为纵坐标，样本点距离样线中心区 C（钟楼）的像素个数为横坐标，叠加各个尺度下的结果，得到的统计图如图 5.4 所示。其中，高而窄的峰为地表温度突变区域，低而宽的谷为地表温度渐变区域。

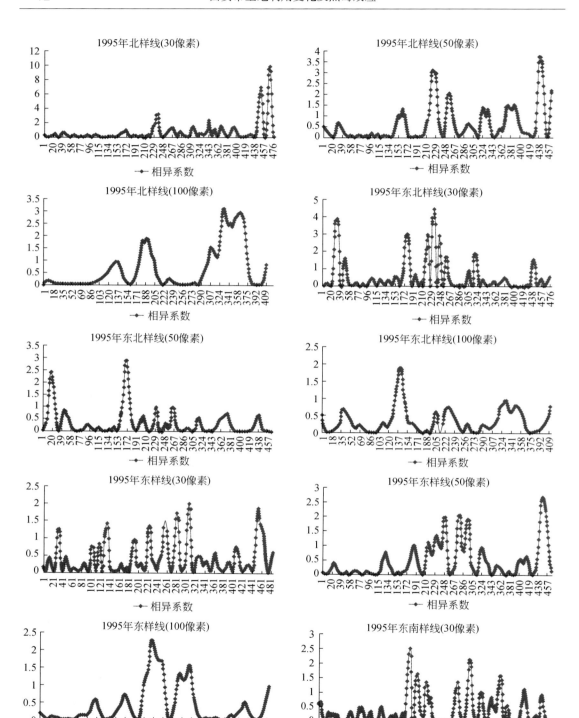

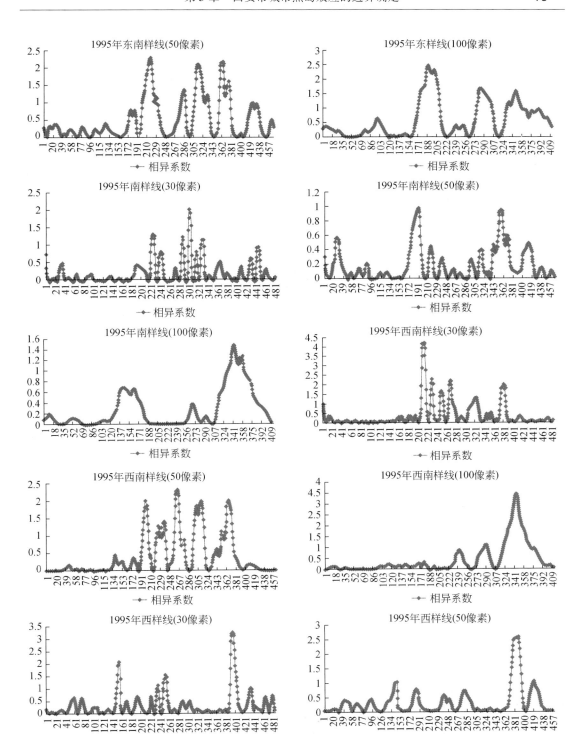

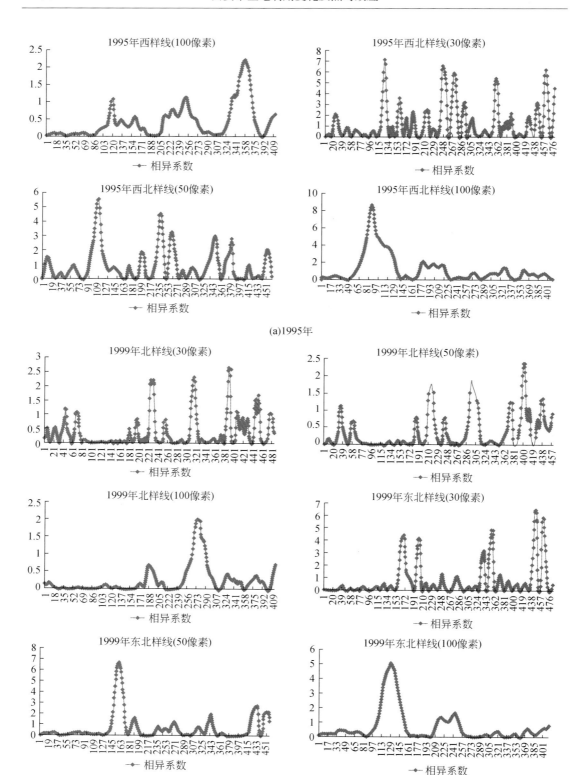

(a)1995年

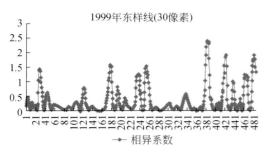

1999年东样线(30像素)

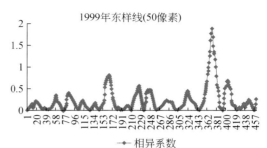

1999年东样线(50像素)

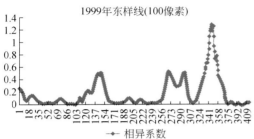

1999年东样线(100像素)

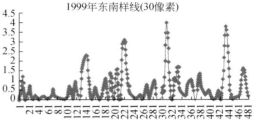

1999年东南样线(30像素)

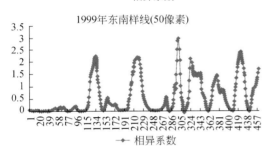

1999年东南样线(50像素)

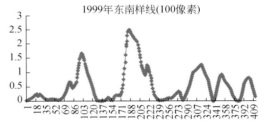

1999年东南样线(100像素)

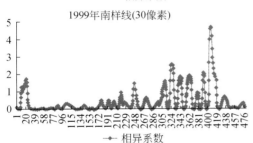

1999年南样线(30像素)

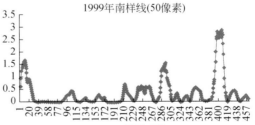

1999年南样线(50像素)

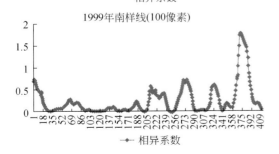

1999年南样线(100像素)

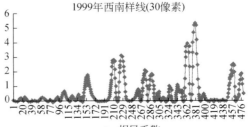

1999年西南样线(30像素)

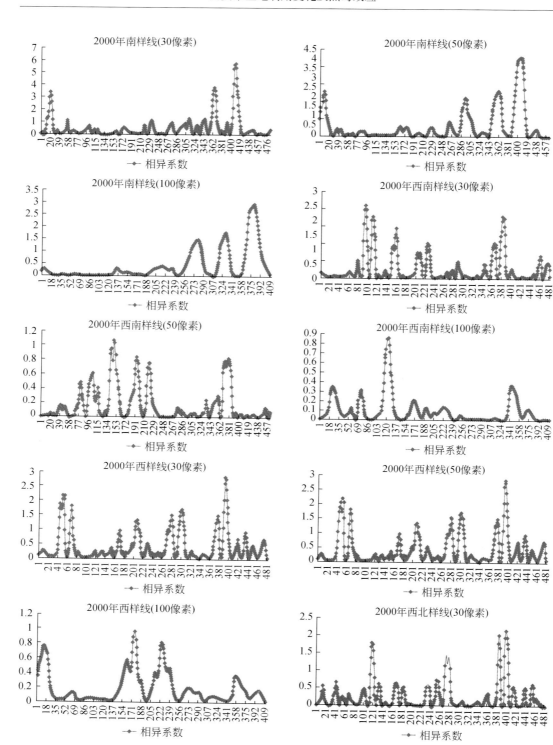

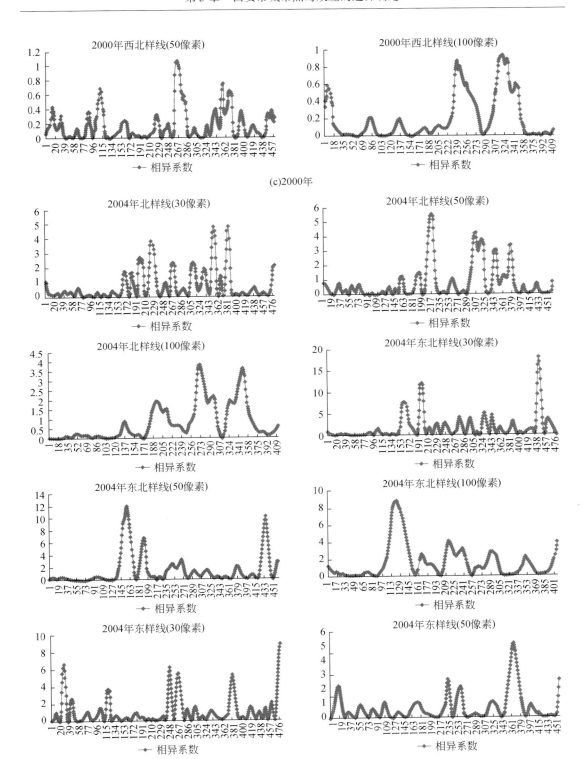

(c)2000年

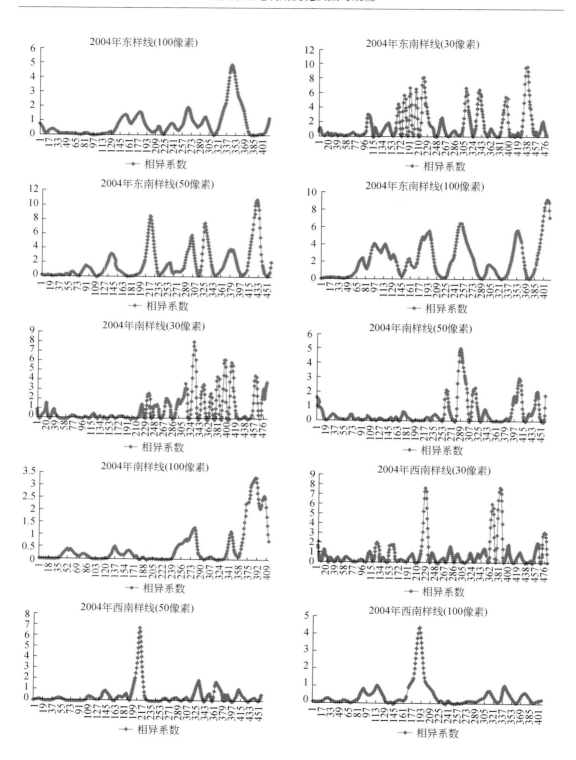

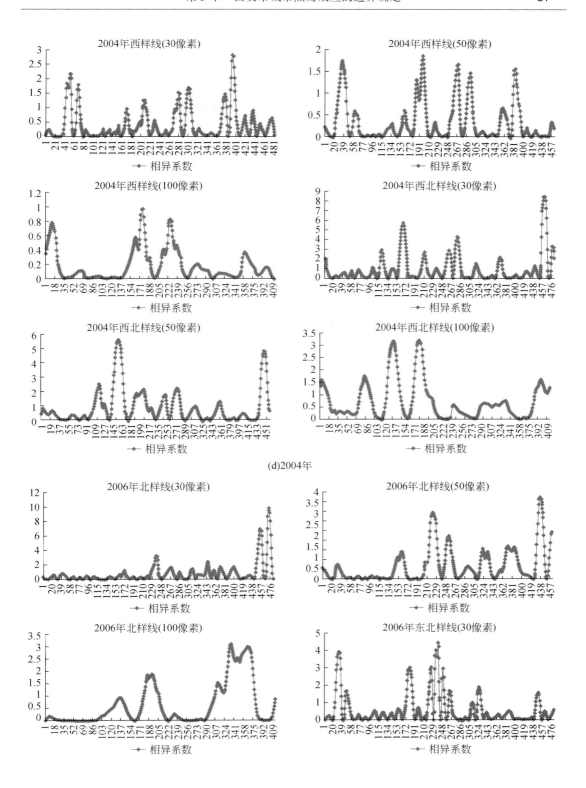

(d)2004年

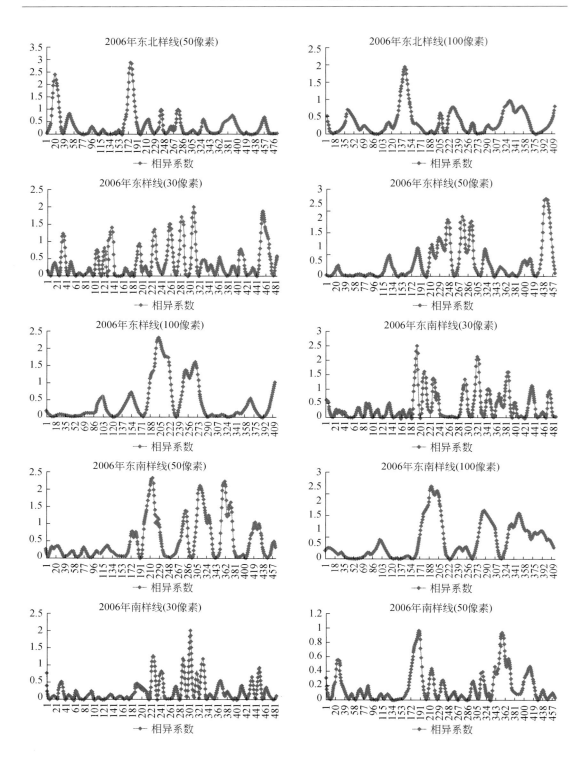

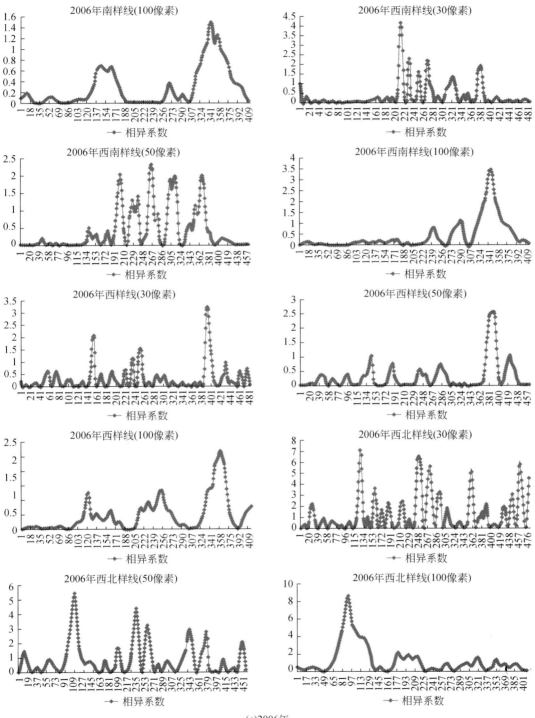

(e)2006年

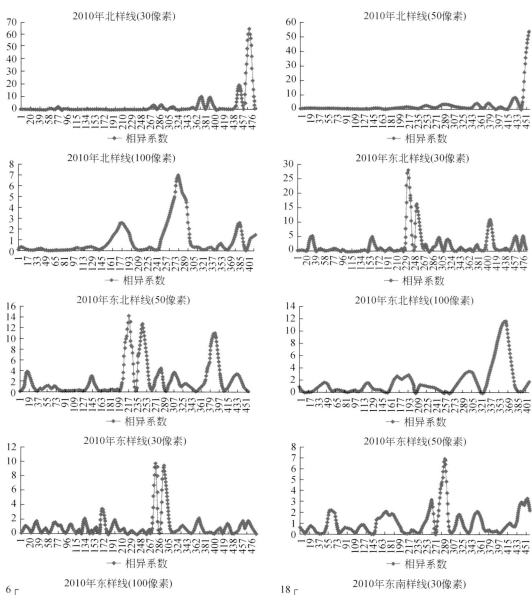

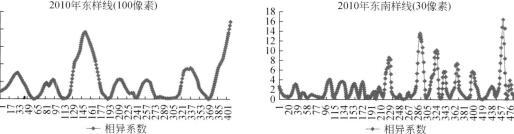

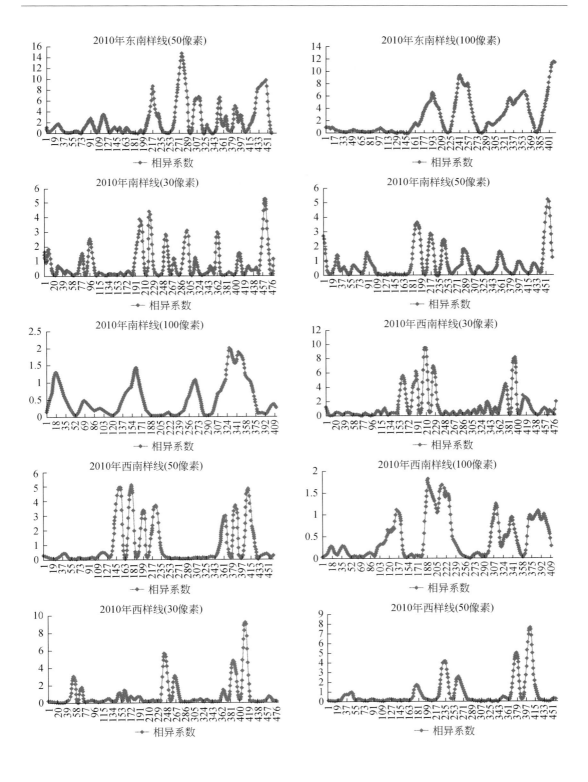

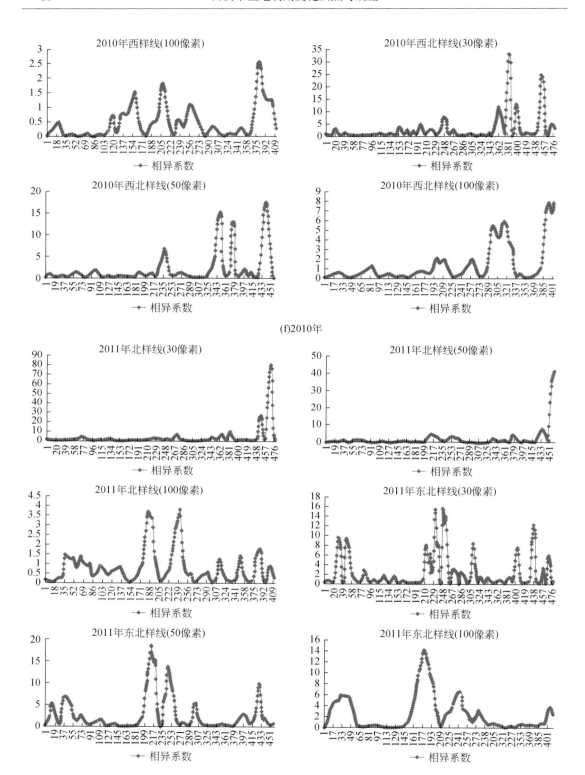

(f)2010年

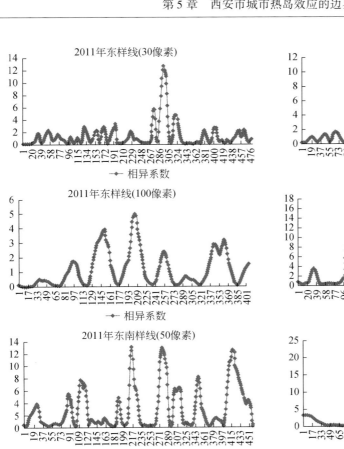

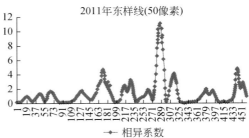

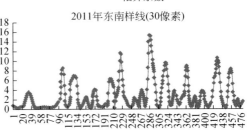

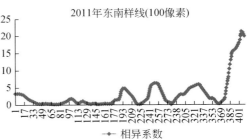

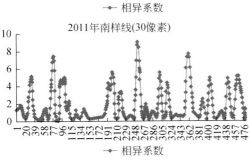

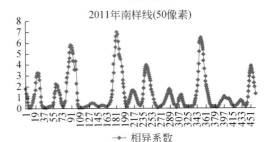

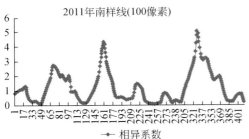

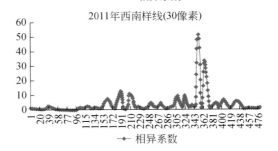

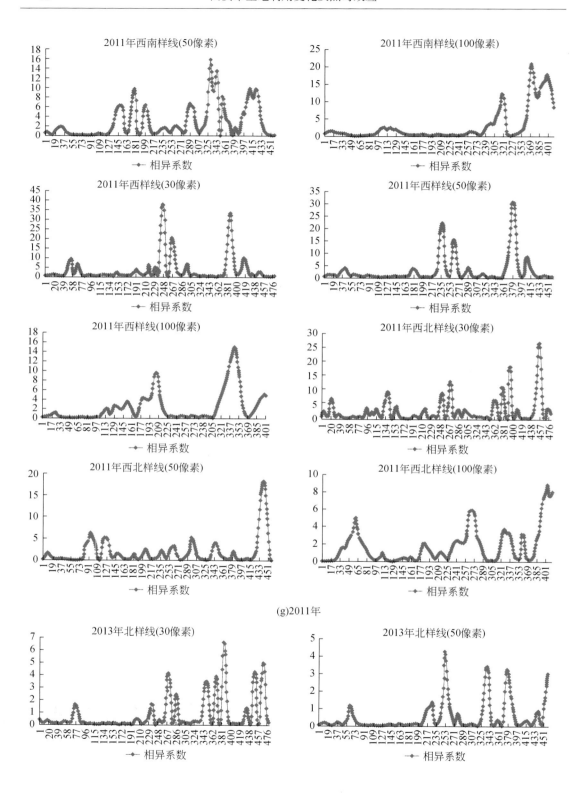

(g)2011年

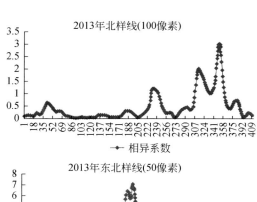

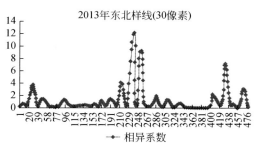

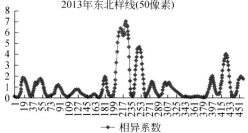

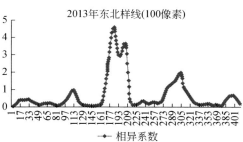

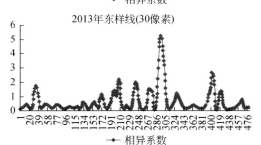

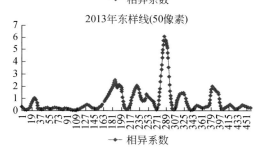

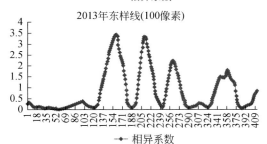

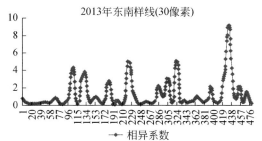

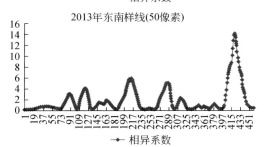

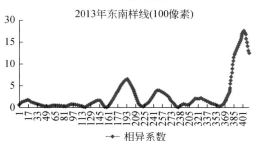

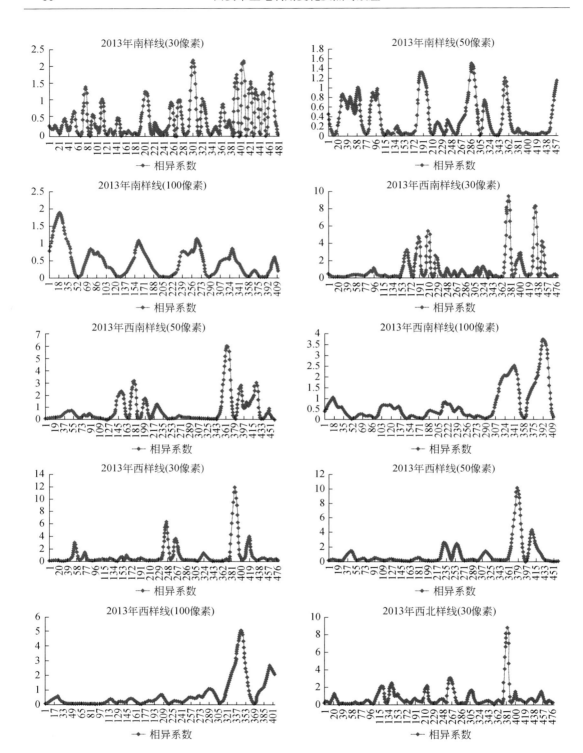

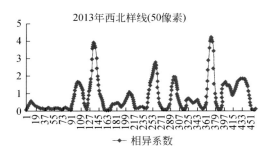
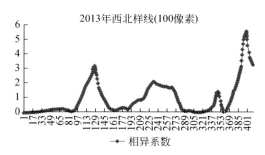

(h)2013年

图 5.4　8 期样线 SED 统计图

根据三种尺度移动窗口下 SED 统计图的峰值，并结合西安市的地表温度反演情况和西安市城市发展的实际情况，可以判断 8 期、8 个方向样线上地表温度突降的区域，该区域即为城市热岛效应边缘。再通过温度突降区域的横坐标（即突变处距离钟楼的像素个数）乘以像素大小，可以推算出温度突变处与市中心的距离，从而定量表达研究区城市热岛效应的边界。具体分析结果见表 5.1。

表 5.1　多期 8 个方向城市热岛效应边界定位表

样线	温度明显下降的位置（1995 年）	温度明显下降的位置（1999 年）
C-N	距离市中心 5.4 km 左右	距离市中心 7.2 km 左右
C-NE	距离市中心 5.7 km 左右	距离市中心 5.4 km 左右
C-E	距离市中心 7.8 km 左右	距离市中心 11.4 km 左右
C-SE	距离市中心 7.2 km 左右	距离市中心 6 km 左右
C-S	距离市中心 6 km 左右	距离市中心 9.3 km 左右
C-SW	距离市中心 6.6 km 左右	距离市中心 6.6 km 左右
C-W	距离市中心 5.1 km 左右	距离市中心 9 km 左右
C-NW	距离市中心 4.2 km 左右	距离市中心 4.2 km 左右
样线	温度明显下降的位置（2000 年）	温度明显下降的位置（2004 年）
C-N	距离市中心 7.2 km 左右	距离市中心 7.2 km 左右
C-NE	距离市中心 7.2 km 左右	距离市中心 5.7 km 左右
C-E	距离市中心 10.5 km 左右	距离市中心 12 km 左右
C-SE	距离市中心 6 km 左右	距离市中心 7.5 km 左右
C-S	距离市中心 11.4 km 左右	距离市中心 10.2 km 左右
C-SW	距离市中心 5.4 km 左右	距离市中心 7.2 km 左右
C-W	距离市中心 9.5 km 左右	距离市中心 9 km 左右
C-NW	距离市中心 4.1 km 左右	距离市中心 5.4 km 左右

续表

样线	温度明显下降的位置（2006 年）	温度明显下降的位置（2010 年）
C-N	距离市中心 7.3 km 左右	距离市中心 12.9 km 左右
C-NE	距离市中心 8 km 左右	距离市中心 7.5 km 左右
C-E	距离市中心 9 km 左右	距离市中心 9.6 km 左右
C-SE	距离市中心 5.5 km 左右	距离市中心 10.2 km 左右
C-S	距离市中心 7.2 km 左右	距离市中心 11.7 km 左右
C-SW	距离市中心 6.5 km 左右	距离市中心 12 km 左右
C-W	距离市中心 9.6 km 左右	距离市中心 12.3 km 左右
C-NW	距离市中心 7.7 km 左右	距离市中心 8.1 km 左右
样线	温度明显下降的位置（2011 年）	温度明显下降的位置（2013 年）
C-N	距离市中心 14.4 km 左右	距离市中心 14.4 km 左右
C-NE	距离市中心 8.4 km 左右	距离市中心 7.5 km 左右
C-E	距离市中心 9.3 km 左右	距离市中心 9.5 km 左右
C-SE	距离市中心 13.2 km 左右	距离市中心 13.5 km 左右
C-S	距离市中心 12.3 km 左右	距离市中心 14.4 km 左右
C-SW	距离市中心 13.2 km 左右	距离市中心 13.2 km 左右
C-W	距离市中心 12.3 km 左右	距离市中心 12 km 左右
C-NW	距离市中心 13.8 km 左右	距离市中心 12 km 左右

　　将 8 期数据 8 个方向的温度突变点相连，可得多期西安市城市热岛效应的边界，结果如图 5.5 所示。

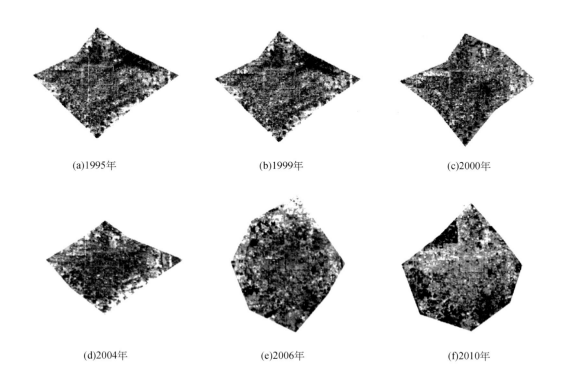

(a)1995年　　　　(b)1999年　　　　(c)2000年

(d)2004年　　　　(e)2006年　　　　(f)2010年

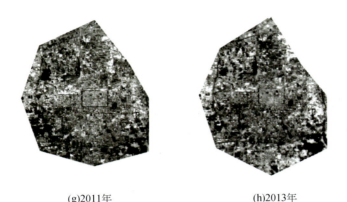

(g)2011年　　　　　　　　　　　　　(h)2013年

图 5.5　西安市多期城市热岛效应边界范围图

5.3　边界提取精度验证

　　本书基于移动窗口分析法计算获得的西安市多期城市热岛效应边界范围是大小不同的面状区域。本书基于收集的 2011 年 6 月 28 日、2013 年 6 月 25 日的区域站气象数据，验证西安市城市热岛效应边界提取的精度。需要说明的是，本书收集的气象资料中，1995 年 5 月 7 日、1999 年 12 月 20 日、2000 年 11 月 20 日、2004 年 1 月 24 日、2006 年 8 月 9 日、2010 年 6 月 17 日、2011 年 6 月 28 日、2013 年 6 月 25 日的西安站气象数据为多期一个站点的单点数据，不能构成面状数据，不参与该边界成果的检验。

　　1）在 ArcGIS 9.3 中将所有气象站点和西安市钟楼点状数据叠加，如图 5.6 所示。

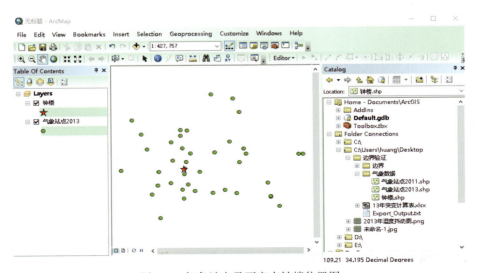

图 5.6　气象站点及西安市钟楼位置图

2）在 ArcGIS 9.3 中将经纬度坐标系统数据投影到高斯坐标系统数据，便于计算距离。

3）在 ArcGIS 9.3 中删除气象资料中显示采集的温度为 0℃的无效数据，如图 5.7 所示。

	OBJECTID *	Shape *	区站号	纬度	经度	站名	温度	反演温
	12	Point	Y8812	34.4228	108.9997	浐霸湿地	0	0
	13	Point	Y8821	34.3838	109.0582	新筑街办	0	0
	14	Point	Y8822	34.2935	109.0732	纺胃路滨	0	0
	15	Point	Y8823	34.2925	109.193	洪庆三阳	0	0
	16	Point	Y8824	34.2081	109.0521	神鹿坊小	0	0
	17	Point	Y8831	34.2	109.125	庆元唐刘	0	0
	18	Point	Y8832	34.2006	109.125	白鹿原	0	0
	27	Point	Y8859	34.1972	108.9417	自然博物	0	0
	29	Point	Y8861	34.1539	108.8914	陕西师范	0	0
	33	Point	Y8865	34.3456	108.9339	市政府	0	0
	34	Point	Y8866	34.319	108.915	汉长安城	0	0
	35	Point	Y8867	34.2947	108.9556	大明宫	0	0
	36	Point	Y8868	34.213	108.965	大唐芙蓉	0	0
	37	Point	Y8869	34.3041	108.8637	汉长安城	0	0
	38	Point	Y8870	34.3055	108.9382	西安	0	0
	39	Point	Y8871	34.4132	109.0454	水流小学	0	0
	40	Point	Y8872	34.3447	108.9486	西安市委	0	0
	41	Point	Y8899	34.2303	109.1186	气象局	0	0
	10	Point	Y8810	34.1792	109.1425	鲸鱼沟	19.2	28.84
	25	Point	Y8857	34.367	108.833	草滩	19.7	28.14
	21	Point	Y8853	34.292	109.184	洪庆塬	20.2	31.74
	23	Point	Y8855	34.32	109.038	浐霸新区	22.2	30.35

图 5.7　气象站点无效数据

4）在 ArcGIS 9.3 中以西安市钟楼为中心，做每个气象站点的同心圆，如图 5.8 所示。

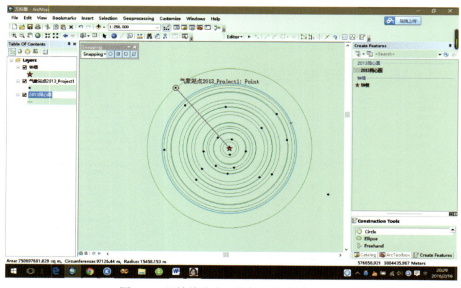

图 5.8　以钟楼为中心的气象站点同心圆图

5）使用 ArcMap->Join 工具将温度字段挂接到气象站点。

6）在 Excel 中，按照气象站点与中心距离和温度的变化趋势，做带平滑线的散点图，获取温度突变的区域范围，如图5.9和图5.10所示。

图5.9　2011年气象温度数据拟合变化图

图5.10　2013年气象温度数据拟合变化图

7）将利用遥感数据反演的西安市城市热岛效应范围与利用气象数据计算的大致温度突降区域套合，结果如图5.11和图5.12所示。

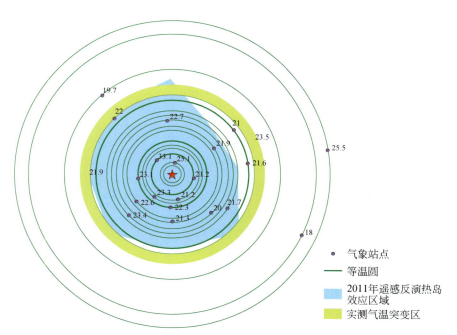

图 5.11　2011 年西安市城市热岛效应边界验证图

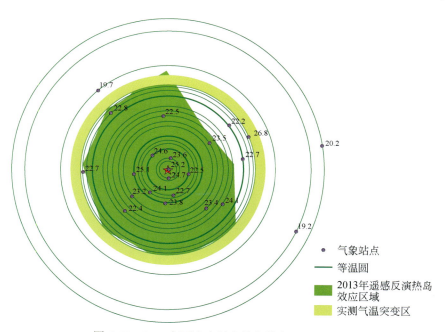

图 5.12　2013 年西安市城市热岛效应边界验证图

　　由此可见，基于 2011 年和 2013 年的实测温度数据，将利用遥感热红外数据反演的西安市城市热岛效应边界与气象站实测温度的突变区域进行套合后，可以发现除 2011 年出现一个异常点以外，整体结果良好，并且，因为东郊纺织城的发展模式为卫星城，与西安市中心区域之间存在断层和不连续的情况是符合实际的，说明基于遥感热红外数据反演西安市城市热岛效应边界的方式是科学、可行、准确的。

5.4　西安市城市热岛效应时空特征分析

5.4.1　不同时期城市热岛效应时空分布格局定性分析

从定性的角度，由西安市地表温度归一化图（图 4.16）可知，从整体定性来看，18年间，西安市城市热岛效应从 1995～2004 年有所减弱，2006 年增强，2010 年显著增强，2011 年减弱，2013 年又有所增强。分阶段来看，1995～2013 年，1995 年的城市热岛效应较集中、连续，呈面状分布，而到 2006 年之后，城市热岛效应逐渐呈现出广泛分散式，城市热岛效应内部的局部区域热岛聚集度有所降低。1995 年西安市城区的温度明显高于外围区域，呈由内向外逐渐递减的空间特征；城区内东部区域的地表温度高于西部，南部区域的地表温度高于北部，且高温区域分布集中于东部和东南部。2006 年高温集中的区域数量变多、分布变广，具有明显的城市热岛效应特征。2013 年，热岛强度明显降低，热岛区域从集中型变为分散性，这是由于城区内部植被、水体起到了调节作用。因此，进一步加强城市绿地建设，合理规划水体，有利于进一步降低西安市城市热岛效应的产生。

结合西安市的实际情况来看，1995 年强热岛区域主要集中在人口比较密集的城墙以内的老城区，以及工厂较多的东部。2006 年热岛范围扩大，主城区以外的南、北、西、西南等方向开始出现大量的强热岛中心，主要因为这里分布着许多新兴的工业区、企业密集区、人流量大的车站、商业区、高新区、开发区等；东部区域由于发展缓慢、工厂停滞等，热岛范围和强度没有增大；东南方向的曲江由于植被和水体覆盖率高，虽然进行了开发，但热岛强度却有所降低。2013 年热岛范围向南、北、西、西南等方向进一步扩大，但是局部区域热岛强度有所降低，且呈分散分布，这主要是由于近些年西安市北郊经济技术开发区、西郊西咸新区、南郊大学城、西南郊高新技术开发区的新区规划绿化率高、大型公园较多、建筑密度较低、人口密度不高。另外，虽然西安市的东南方向曲江新区、东北方向浐灞新城发展也很快，但是发展的理念是文化曲江、生态浐灞，拥有大量公园、大片水域且周围绿化状况好，如大唐芙蓉园、曲江遗址公园、浐河、灞河、湿地等，因此，城市热岛效应不明显。这些与本书的研究结果基本一致，验证了本书研究方法的正确性。

5.4.2　不同时期城市热岛效应边界演变定量分析

由西安市多期城市热岛效应边界范围图（图 5.5）可知，1995～2013 年，热岛区面积持续增长。定性分析可以对西安市 1995～2013 年共 8 期数据的热场强度和变化有一个整体性的概括，但是，要详细、准确、深入地了解西安市城市热岛效应的特点还需要进行定量分析。本书采用移动窗口法获得西安市多期城市热岛效应边界，在 ArcGIS 9.3中通过对热岛范围的量算，可得 1995～2013 年西安市城市热岛效应的面积，如表 5.2

和图 5.13 所示。

表 5.2　西安市多期城市热岛效应范围变化面积表

年份	面积/km²
1995	95.0148
1999	153.5922
2000	150.5331
2004	180.3663
2006	304.5573
2010	372.6054
2011	395.8974
2013	415.4778

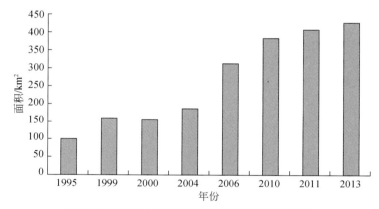

图 5.13　西安市多期城市热岛效应面积变化图

　　可见，18 年间西安市的热岛整体范围与面积随着城市的发展基本处于不断扩张趋势。西安市的热岛范围从 1995~2004 年在东西方向上扩张明显，整个区域呈菱形；2004~2013 年在南北方向上扩张明显，整个区域呈梨形。

　　此外，根据城市热岛效应边界位置，通过计算可得多期西安市城市热岛效应空间跨度信息，以及西安市城市热岛效应空间跨度变化和变化率信息，见表 5.3、表 5.4 和图 5.14。

表 5.3　多期西安市城市热岛效应空间跨度信息表　　　　　　（单位：km）

空间跨度	1995	1999	2000	2004	2006	2010	2011	2013	总变化	总变化率/%
南北	11.4	16.5	18.3	17.4	14.5	24.6	26.7	28.8	17.4	152.63
东西	12.9	20.4	20.0	21	18.6	21.9	21.6	21.5	8.6	66.67
西南—东北	12.3	12.0	12.3	12.0	14.5	19.5	21.6	20.7	8.4	68.29
西北—东南	11.4	10.2	11.4	10.2	13.2	18.3	27	25.5	14.1	123.68

表 5.4 多期西安市城市热岛效应空间跨度信息变化率表

空间跨度	1995~2000 年/km	变化率/%	2000~2006 年/km	变化率/%	2006~2010 年/km	变化率/%	2010~2013 年/km	变化率/%
南北	6.9	60.52	−3.8	−20.77	10.1	69.66	4.2	17.07
东西	7.1	55.04	−1.4	−7	3.3	17.74	−0.4	−1.83
西南—东北	0	0	2.2	17.89	5	34.48	1.2	6.15
西北—东南	0	0	1.8	15.79	5.1	38.64	7.2	39.34

图 5.14 城市热岛效应空间边界跨度变化率图

通过分析得到,18 年间,总体来说,南北方向跨度变化最大,达到 17.4 km,其次是西北—东南方向,达到 14.1 km,再次是东西方向,是 8.6 km,西南—东北方向跨度变化最小,是 8.4 km。18 年间,南北方向的空间跨度变化率也最大,达到 152.63%,其次是西北—东南方向,达到 123.68%,再次是东西方向,是 68.29%,西南—东北方向跨度变化率最小,是 66.67%。分阶段来看,南北方向的空间跨度在 1996~2000 年先快速增长,2000~2006 年有所下降,2006~2010 年又出现快速增长,2010~2013 年持续增长;东西方向的空间跨度在 1996~2000 年先快速增长,2000~2006 年小幅下降,2006~2010 年又出现增长,2010~2013 年小幅下降;西南—东北方向的空间跨度在 1996~2000 年保持稳定,2000~2006 年出现增长,2006~2010 年又出现快速增长,2010~2013 年持续增长;西北—东南方向的空间跨度在 1996~2000 年保持稳定,2000~2006 年有所增长,2006~2010 年又出现快速增长,2010~2013 年持续快速增长。

5.4.3 城市热岛效应与城市扩张相关性研究

1990~2000 年我国约有 53.4% 的城市扩张面积来自耕地;2000~2010 年这个数字达

到 68.7% 。从绝对量上看，第一个 10 年是 770 万亩[1]；第二个 10 年是 1900 万亩，是第一个 10 年的 2.47 倍。目前，城市扩张已经成为中国城市化进程的一个突出特征，城市下垫面改变是导致城市热岛效应的一个重要的原因，因此，研究西安市城市热岛效应与城市扩张之间的关系很有必要的。

1. 西安市城市扩张情况

通过在 ArcGIS 9.3 中对三期 NDBI 指数图像进行二值化处理，NDBI 指数位于−1～1，NDBI>0 的认为是建筑用地，NDBI<0 的认为是非建筑用地，得到不同时期城市用地区域和边界信息如图 5.15 所示。

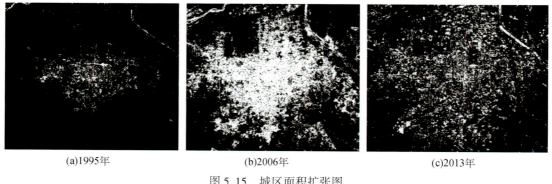

(a)1995年　　　　　　　　(b)2006年　　　　　　　　(c)2013年

图 5.15　城区面积扩张图

再在 ArcGIS 9.3 中，通过雷达图制作工具得到西安市城区空间扩张 8 方向图，如图 5.16 所示。

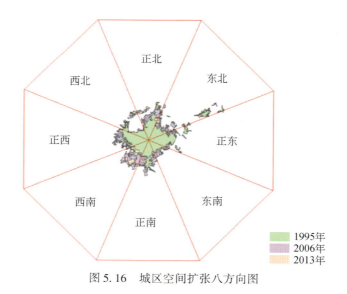

图 5.16　城区空间扩张八方向图

---

① 　1 亩≈666.67m²。

　　通过统计和分析可知，从面积来看，西安市城区面积由 1995 年的 142.95 km² 增长到 2006 年的 447.27 km²，再增长到 2013 年的 608.75 km²。从分布格局来看，城市的重心逐渐向西南方向偏移，西安市空间增长呈现为以西安钟楼为中心，呈环形向外扩张，形成以二环、三环构成的主城区；此外，沿南北中轴线的扩张更为明显，北高新、西高新、曲江、浐灞、西咸新区都有明显发展。从扩展速度看，西安城市建设可以分为两个明显不同的阶段，即 1995~2006 年为快速增长期，2006~2013 年为平稳增长期。从扩张方位来看，1995~2013 年西安市在各方向上均有扩展，各方向上的扩展面积和扩展速度不同，扩展的主要方向是西南、正南、东北、正北，而东南、正东发展缓慢，近年来西北方向发展速度有所提高。

2. 城市热岛效应与城市扩张关系定性分析

　　在 ArcGIS 9.3 中，将三期西安市城市热岛效应边界数据和城区范围数据相叠加，如图 5.17 所示（红色线条外边框为城市热岛效应边界，白色区域为城区面积扩张区域）。

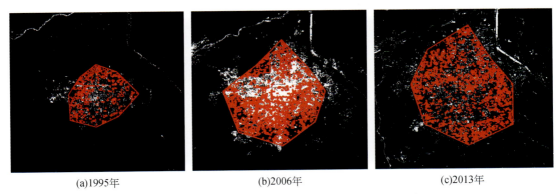

　　　　(a)1995年　　　　　　　　　　(b)2006年　　　　　　　　　　(c)2013年

图 5.17　西安市城市热岛效应边界数据和城区范围数据套和图

　　通过比较可以发现，三期城市热岛效应边界与城市边缘扩张的范围基本趋于一致，因此，可以从定性的角度得出西安市城市热岛效应与城市扩张具有相关性的结论。

3. 城市热岛效应与城市扩张关系定量分析

　　使用 IBM SPSS 软件，以地表温度 T 为因变量，以 NDBI、NDVI、MNDWI、BI 为自变量，对 1995 年、2006 年、2013 年三期数据进行多变量联合回归方程拟合，得到的结果如图 5.18 所示。

Anova[b]

模型		平方和	σ	均方	F	Sig
1	回归	.014	4	.004	3.855	.014[a]
	残差	.023	25	.001		
	总计	.038	29			

a.预测常量：(常量), BI, NDVI, MNDWI, NDBI
b.因变量：T

系数^b

模型		非标准化系数		标准系数	t	Sig
		B	标准误差	试用版		
1	(常量)	.804	.022		37.339	.000
	NDBI	.152	.219	.291	.697	.492
	NDVI	−.240	.244	−.159	−.982	.335
	MNDWI	−.107	.130	−.180	−.824	.418
	BI	.204	.260	.323	.784	.441

a.因变量:T

2013年

Anova^b

模型		平方和	σ	均方	F	Sig
1	回归	.047	4	.012	3.876	.014^2
	残差	.075	25	.003		
	总计	.122	29			

a.预测常量：(常量), BI, NDVI, MNDWI, NDBI
b.因变量：T

系数^b

模型		非标准化系数		标准系数	t	Sig
		B	标准误差	试用版		
1	(常量)	.675	.075		9.017	.000
	NDBI	.076	.063	.242	1.203	.240
	NDVI	−.171	.189	−.383	.905	.374
	MNDWI	−.297	.182	−.287	−1.637	.114
	BI	.028	.203	.052	.138	.892

a.因变量:T

1995年

Anova^b

模型		平方和	σ	均方	F	Sig
1	回归	.024	4	.000	6.525	.001^2
	残差	.023	25	.001		
	总计	.046	29			

a.预测常量：(常量), BI, NDVI, MNDWI, NDBI
b.因变量：T

系数^b

模型		非标准化系数		标准系数	t	Sig
		B	标准误差	试用版		
1	(常量)	.838	.041		20.688	.000
	NDBI	.185	.121	.600	1.625	.140
	NDVI	−.081	.157	−.182	−.514	.612
	MNDWI	−.024	.064	−.062	−.378	.709
	BI	.023	.117	.046	.200	.803

a.因变量:T

2006年

图 5.18　IBM SPSS 软件拟合结果

由图 5.18 可知，三期数据的拟合结果中，回归方程的显著性检验 F 值分别为 3.876、6.525、3.855，均远高于 0.01，说明因变量与自变量显著相关。三期数据的拟合方程分别为

$$T_{1995} = 0.676 + 0.076\mathrm{NDBI}_{1995} - 0.171\mathrm{NDVI}_{1995} - 0.297\mathrm{MNDWI}_{1995} + 0.028\mathrm{BI}_{1995}$$

$$T_{2006} = 0.838 + 0.185\mathrm{NDBI}_{2006} - 0.081\mathrm{NDVI}_{2006} - 0.024\mathrm{MNDWI}_{2006} + 0.023\mathrm{BI}_{2006}$$

$$T_{2013} = 0.804 + 0.152\mathrm{NDBI}_{2013} - 0.240\mathrm{NDVI}_{2013} - 0.107\mathrm{MNDWI}_{2013} + 0.204\mathrm{BI}_{2013}$$

通过拟合方程的相关系数可知，西安市城市热岛效应与城区地表覆盖 4 类要素——建设用地、绿地、水体、裸土显著相关。由于城市空间扩张势必会侵占城市周边原有的农田、耕地等，导致人工构筑物大量增多，城市不透水面增多。这 4 类要素是城市建成区的主体地表覆盖要素，是城市扩张过程中人为改造自然界的直接结果，因此，可以从定量的角度得出西安市城市热岛效应与西安市城市化扩张相关的结论。

5.5　本　章　小　结

1）基于移动窗口分析法进行了城市热岛效应边界的定量研究，通过使用气象资料对其进行验证可知，基于移动窗口法反演的西安市城市热岛效应边界精度较好，可以定量研究城市热岛效应的边界问题。

2）研究结果表明，18 年间西安市城市热岛效应强度从 1995~2004 年先减弱，2004~2010 年又有所增强，2011 年又有所减弱，2013 年又有所增强。1995~2013 年，1995 年的城市热岛效应较集中、连续，呈面状分布，而 2006 年的城市热岛效应呈现出广泛分散式，城市热岛效应内部的局部区域热岛聚集度有所降低。西安市的热岛范围持续增长，1995~2004 年在东西方向上扩张明显，整个区域呈菱形；2004~2013 年其在南北方向上扩张明显，整个区域呈梨形。

3）通过分析可知，1995~2013 年西安市城市规模扩大了约 4.25 倍；1995~2006 年为快速扩张阶段，2006~2013 年平稳增长，形成了以钟楼为中心的环状城市分布格局，并沿着南北、东西中轴线轴状发展。18 年间西安市的热岛整体范围与面积随着城市的发展趋势基本相同。

4）由于城市扩张是城市化进程中的一个重要评判指标，本章利用研究区 8 期影像中的 1995 年、2006 年、2013 年共 3 期数据，巧妙地将城市扩张通过几种常用指数快速提取进行体现，并通过 SPSS 软件进行城市热岛效应与城市空间扩张的相关性定量分析，可知西安市的城市热岛效应与城市化扩张显著相关。

5）西安市水体和植被覆盖度均偏低，可以通过恢复和重建河流湿地、增修人工水域、增加屋顶绿化和立体绿化，以及合理布局建筑群等方式来调节西安市的热岛现象。城市发展过快从一定程度上导致了土地资源浪费。伴随城市不断向外扩张，城区空间形态日益复杂，城市边缘的不规则度加大，而城市内部已开发土地利用率水平仍然不高。

参 考 文 献

石培礼，刘兴良 . 2002. 游动分割窗技术在生态交错带定量判定中的应用：以四川巴郎山岷江冷杉林线为

例. 植物生态学报, 26 (2): 189-194.

Oke T R. 1995. The heat island characteristics of the urban boundary layer: characteristics, causes and effects. Proceedings of the NATO Advanced Study Institute on Wind Climate in Cities. Netherlands: Kluwer Academic Publishers.

Webster R, Wong I F T. 1969. A numerical procedure for testing soil boundaries interpreted from air photographs. Photogrammetria, 24 (2): 59-72.

Webster R. 1973. Automatic soil-boundary location from transect data. Journal of the International Association for Mathematical Geology, 5 (1): 27-37.

Whittaker R H. 1960. Vegetation of the Siskiyou Mountains, Oregon and California. Ecol Mongogr, 30: 279-338.

第6章 西安市热岛分布指数研究

城市化也称城镇化，是指随着一个国家或地区社会生产力的发展、科学技术的进步，以及产业结构的调整，其社会由以农业为主的传统乡村型社会向以工业（第二产业）和服务业（第三产业）等非农产业为主的现代城市型社会逐渐转变的历史过程。

2011年12月，《社会蓝皮书》中指出："中国城镇人口占总人口的比重将首次超过50%，标志着中国城市化首次突破50%"。随着城市化进程的加剧，人口、产业结构、地域空间发生了巨大变化，在社会发展中也会出现一些负面问题。第一，城市用地不断扩张，植被覆盖大幅减少，地表透水性差，热容量差，土地利用类型的变化和土地覆盖景观的转变，城市生态系统和热环境都会受到影响；第二，城市高层建筑不断增加，形成封闭区域，风速下降，降低热量交换，地面向大气散热的能力下降，造成地表温度升高；第三，随着城市建成区的不断扩大和人口的不断聚集，生活、交通、工业废热和温室气体排放等人为因素也直接导致了城市温度高于郊区的现象。

城市热岛效应是城市生态系统中非常重要的一个参数，是衡量城市小气候非常重要的指标。城市热岛效应的形成和演变与城市化进程密切相关。地表覆盖情况的变化和土地利用类型的改变是城市化最显著和最直观的特征，它对城市热岛效应会产生直接影响（戴晓燕，2008）。因此，深入分析城市地表覆盖类型对城市热岛效应强度的影响，提出定量评价指标，对深刻理解城市化对城市热岛效应的影响和寻求控制对策有积极意义。

本书在第5章已经定量确定了8期西安市城市热岛效应的边界，本章将针对城市热岛效应边界内的区域进行研究。

6.1 西安市地表覆盖分类

6.1.1 地表覆盖分类划分

本书采用监督分类（王晓栋等，2004）的方法对西安市的地表覆盖类型进行遥感提取。按照覆盖特征和地表性质不同，对研究区内西安市多期影像的土地利用分类按建设用地、裸地、绿地、水体四类划分。其中，①绿地是指任何能提供灌层覆盖和遮阴的植被类型，包括研究区所有的落叶，或常绿乔木和灌木，指研究区内所有草坪草场等一切开敞的草地覆盖类型。②建设用地是指城镇建成区和农村住宅用地等硬质地表覆盖的土地区域，包括建筑、停车场、道路用地和硬质铺装等不透水覆盖类型。③水体是指研究区内所有的水域覆盖区域，包括河流、湖泊、湿地、水池等所有水体类型。④裸地是其他未被利用和裸露的土地。

6.1.2　建立分类模板

监督分类是基于分类模板进行的，而分类模板的确定要依靠训练区的选择。训练区的选择十分关键，它的准确性直接关系到监督分类精度的高低。本章应用 ERDAS 9.3 软件，在 Viewer 窗口中打开预处理后需要分类的影像，应用 AOI 绘图工具依次选取每一类地物要素具有普遍性、代表性、纯粹性的数据作为训练样本，打开分类模板编辑器（Signature Editor）窗口，将样本一一加载进去。每种类别的训练区需选择一定数量的训练样本，检查各个样本的质量，经过 2～3 次修改，质量合格就对多个同类样本进行合并，从而建立这一类样本最终的分类模板。依次类推，所有类型的分类模板都建立完成后，保存该分类模板，以便作为之后监督分类的依据。

6.1.3　评价分类模板

分离模板建立后，就需要对其可信度进行评价。评价的方法较多，主要有分类预警、直方图方法、模板对象显示、可能性矩阵等，本书选择使用可能性矩阵对分类模板进行评价。可能性矩阵评价是根据分类模板分析训练区（AOI）的像元是否完全落在相应类别之中，最终输出一个百分比矩阵，能较直接、简明、准确地确定模板的精度。如果达到使每一类误差矩阵值大于85%，则满足了分类模板精度的要求；如果达不到，需要继续修改训练区和分类模板，直到符合要求为止。本书对 8 期数据的分类模板分别进行可能性矩阵评价，每一类误差矩阵正确率均大于85%，符合分类模板的精度要求。

6.1.4　监督分类

监督分类是按照分类模板规定的分类规则，依次对图像中的像元进行聚类的过程。分类的方法主要有最大似然法（maximum likelihood）、Mahalanobis 距离法（mahalanobis distance）、最小距离法（minimum distance）等，本章基于遥感数据采用监督分类中的最大似然法进行土地利用分类。用 ERDAS 9.3 软件分别对两期影像执行监督分类，生成不同时期的监督分类后的图像，其中，紫色代表建设用地、黄色代表裸地、绿色代表绿地、蓝色代表水域。

本章中的研究区影像虽然是不同季节获取的，但是城市热岛效应边界之内基本是城市建成区，四类地物特征较为明显，不易混淆，在监督分类训练样本的时候，经多次目视判读训练样本，就可以得到精度较高的分类模板，提高分类精度。其次，监督分类本身就是基于影像光谱信息的算法，即使在不同年份、不同季节，四类地物的光谱信息也不易混淆。最大似然法是遥感影像监督分类最常用的手段之一，与其他方法相比较，具有清晰的参数解释能力、易于与先验知识融合和算法简单等优点，不会对分类精度和后续热岛分布指数计算带来较大影响。此外，热岛分布指数计算的是同时刻影像的分类结果与城市热岛效应分布之间的内在联系，具有一致性和可比性。

6.1.5 分类后的精度评价

执行监督分类后，需要对分类后影像的分类精度做定量评价，主要的分类评价方法有分类叠加（classification overlay）、定义域值（thresholding）、分类重编码（recode classes）、分类精度评估（accuracy assessment）等。其中，分类叠加是一种定性的评价方法；定义阈值和分类重编码都是对分类后的影像进行了优化，没有对分类图像给出直接的精度报告；分类精度评估是将分类后的图像像元与分类前的原始影像进行比较，确定其实际类别，根据正确的概率最终输出一个分类评价报告。所以，本章采用的是分类精度评估方法对土地利用的监督分类结果进行精度评价。

在 ERDAS 9.3 软件的分类模块 Classifier 中的 Accuracy Assessment 功能支持下，将土地利用分类原始图像和分类图像相连接（link viewers），在原始分类图像上随机产生 256 个点，逐点进行参考类别确定，然后，通过随机点的实际类别与监督分类后图像上的类别进行统计分析就能确定分类结果的准确度，如图 6.1 所示。本章分别对 8 期分类影像进行精度评价，得到的精度报告显示，分类精度均高于 85%，Kappa 指数均高于 0.7，可见分类合格。

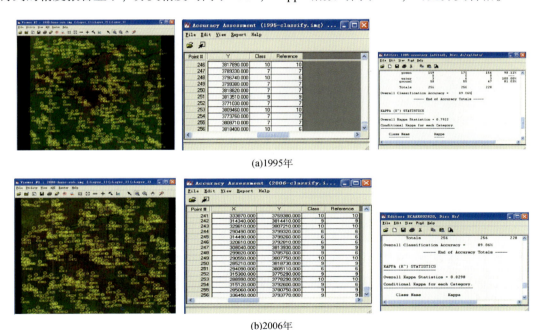

(a)1995年

(b)2006年

图 6.1 部分监督分类精度报告图

6.1.6 分类后处理

监督分类后，图像中会产生一些面积非常小的图斑，需要进行进一步处理，在不影响分类精度的情况下使图像更加平滑、美观。本章利用 ERDAS 9.3 中 GIS 分析中的邻域分析功能消除小斑块。邻域分析后得到西安市地表覆盖栅格图，如图 6.2 所示。

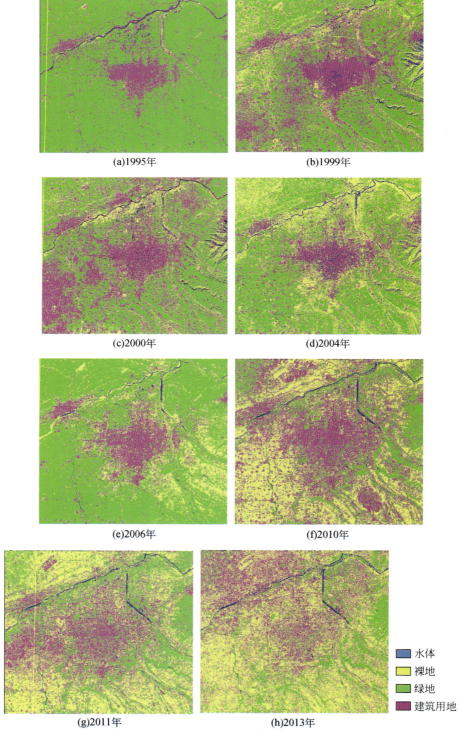

(a)1995年 (b)1999年

(c)2000年 (d)2004年

(e)2006年 (f)2010年

(g)2011年 (h)2013年

水体
裸地
绿地
建筑用地

图 6.2　西安市多期地表覆盖栅格图

6.1.7 地表覆盖数据矢量化

将地表覆盖数据和热岛分级数据由栅格转成矢量（汤国安和杨昕，2006），在 ArcGIS 9.3 中选择工具 ArcToolbox->Conversion Tools->From Raster->Raster to Polygon，经过处理，分别获得各期地表覆盖矢量化分布图，如图 6.3 所示。

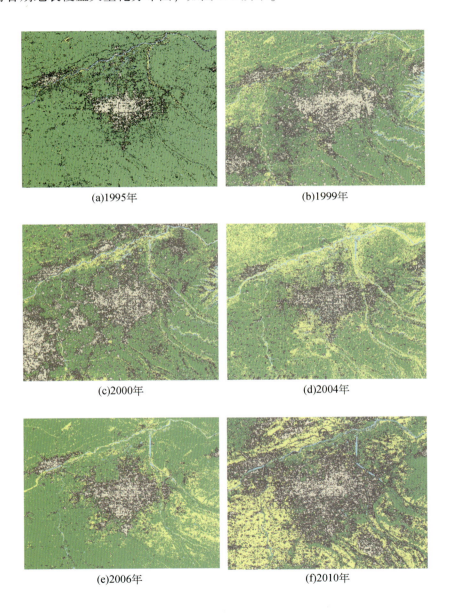

(a)1995年   (b)1999年

(c)2000年   (d)2004年

(e)2006年   (f)2010年

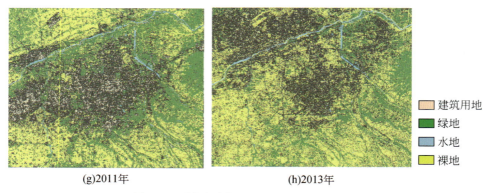

建筑用地
绿地
水地
裸地

　　　(g)2011年　　　　　　　　　　　　(h)2013年

图 6.3　西安市多期地表覆盖矢量化分布图

6.2　城市热岛效应等级划分

　　各个城市的情况差别很大，没有统一的模板，不能用统一的标准来进行一刀切式的等级划分。为了准确、科学地表达城市热岛效应的特征，城市热岛效应的分级具体以当地情况和便于研究的方式来划分（李丽光等，2012）。

　　为更好地分析城市土地利用覆盖变化对城市热岛效应的影响，本章对西安市多期城市热岛效应边界内的地表温度归一化分布结果进行等级划分，采用密度分割法进行分级，得到相对应的城市热岛效应强度。经试验，将西安市的城市热岛效应划分为 0 ~ 0.5、0.5 ~ 0.6、0.6 ~ 0.7、0.7 ~ 0.8、0.8 ~ 0.9、0.9 ~ 1.0 共 6 个级别，可以更好地反映西安市城市热岛效应的细节特征。我们分别将其定义为，城市热岛效应强度 Ⅰ、城市热岛效应强度 Ⅱ、城市热岛效应强度 Ⅲ、城市热岛效应强度 Ⅳ、城市热岛效应强度 Ⅴ、城市热岛效应强度 Ⅵ，从而能够更直观地分析地表温度数据的统计特征。划分过程如下，在 ArcGIS 中选择工具 ArcToolbox->Spatial Analyst Tools->Map Algebra->Raster Calculator，输入分级赋值命令，计算器界面如图 6.4 所示。

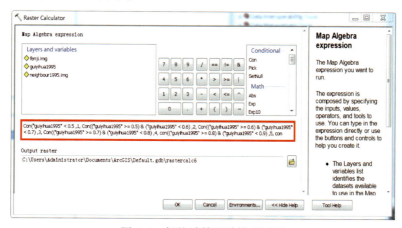

图 6.4　栅格计算器计算截面图

通过计算，分别获得各期城市热岛效应的分级结果，如图 6.5 所示。

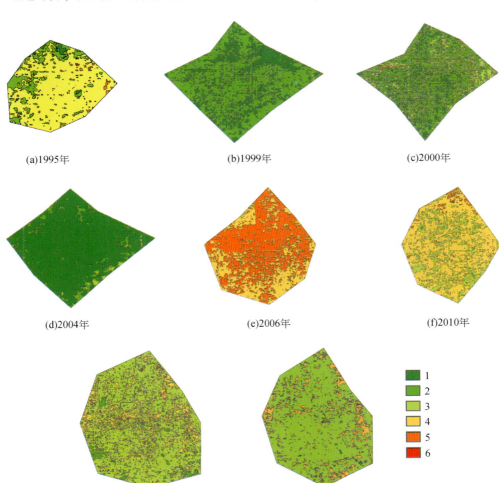

图 6.5 多期城市热岛效应分级图

6.3 热岛分布指数的提出

对于两种及以上的信息综合描述某一要素的特征是比较复杂的统计分析问题。对于城市热岛效应，国内外相关学者还较少有提出综合考虑城市热岛效应分布情况、地表覆盖情况的数学计算公式，进而定量综合分析城市热岛效应相对强度的情况。

本章在前述多期西安市城市热岛效应的边界范围内，基于以上地表覆盖分类和城市热岛效应的分级研究成果提出热岛分布指数。热岛分布指数是指不同热岛效应强度在不同地表覆盖上的分布概率，无量纲。通过地表分类后，不同地物类型对各级城市热岛效应空间分布的影响被简化为不同城市热岛效应梯度在各地类组分上出现的频率问题。为了消除不同城市热岛效应区间的面积差异和不同地类组分面积比重差异，用热岛分布指数来描述各热岛分级在不同地表覆盖分类上的分布状况。其计算公式如下：

$$P_i = \left(\frac{S_{ie}}{S_i}\right) \bigg/ \left(\frac{S_e}{S}\right) \tag{6.1}$$

$$P = \frac{\sum_1^n P_i}{n}(i = 1, \cdots, n) \tag{6.2}$$

式中，P_i 为分级分地类的热岛分布指数；S 为整个区域面积；e 为地表分类，分别为水体、绿地、建筑用地、裸地；i 为热岛等级，分别为 1，2，3，4，5，6 级；S_i 为各级城市热岛效应的不同面积；S_e 为整个区域内各地类面积；S_{ie} 为各不同地类在城市热岛效应强度 I II III……下的面积；P 为平均热岛分布指数；n 为热岛效应不同分级在不同地表覆盖分类上叠加的种类。由该公式可以得到城市热岛效应在地表覆盖上的分布情况。对于代表频率的无量纲指数，如果 P_i 大于 1，表示第 i 种热岛在某种地类上的分布属于优势分布，P_i 值越大，优势度越高，该地表覆盖类型上城市热岛效应分布程度较高。

此外，根据概率论中的中心极限定理，如果一个变量是由许多微小的独立随机因素影响的结果，那么就可以认为这个量具有正态分布，现实世界中很多随机变量的概率分布都可以近似地用正态分布来描述。本章研究的不同热岛分级在不同地表覆盖分类上的分布这一连续随机分布的样本也是呈现正态或近似正态分布的。同时，已有研究表明，一组数据呈正态分布，其平均值最能代表这组数据的平常状态，也就是均态。因此，本章用 P_i 的平均值 P 来代表热岛分布指数，表示某一期数据的城市热岛效应发展的相对优势，即相对强度情况。

6.4　西安市多期热岛分布指数计算

首先为热岛分布指数的计算准备必要的数据，包括地表覆盖数据和城市热岛效应分级数据，再按照热岛分布指数位模型进行计算。

利用 ArcGIS 9.3 提取热岛分布指数的步骤如下。

1）将多期数据进行地表分类、对多期热岛归一化数据进行分级处理，详见 6.2 节和 6.3 节；

2）将地表覆盖数据和热岛分级数据由栅格转成矢量，详见 6.2 节和 6.3 节；

3）将热岛分级矢量和地表覆盖矢量层里面的要素按照不同分类或分级信息进行合并，如图 6.6 所示。处理之后，热岛分级矢量层涉及多少个级别就有多少个要素；地表覆盖矢量层涉及多少种类地表类型，就有多少个要素。

4）用热岛分级数据分割地表覆盖数据。

a. 选择工具 ArcToolbox->Analysis Tools->Extract->Split，如图 6.7 所示，裁切出来的各层数据就是城市热岛效应的分级数据。

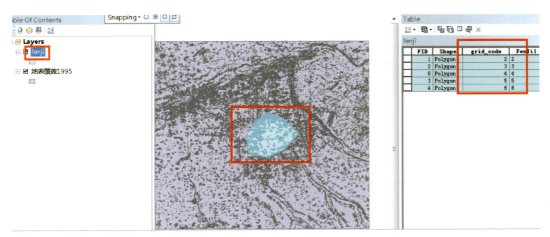

图 6.6　分类分级信息合并

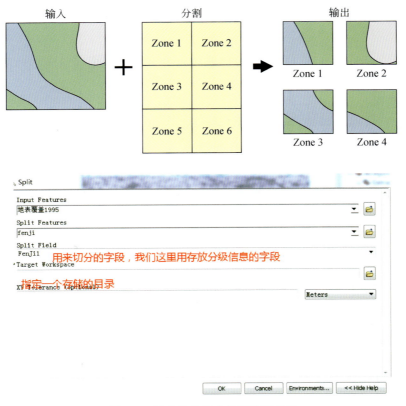

图 6.7　城市热岛效应分级数据裁切

b. 将 gridcode 字段统一改成分级信息，将所有分级数据合并成一层，每一条要素代表一个分级和一种地表覆盖组合的面积，如图 6.8 所示。

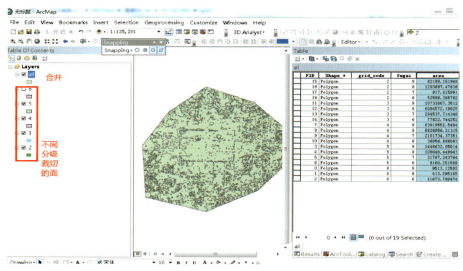

图 6.8　图层合并

c. 新建两个字段，分别存放不同分级或地表分类的总面积信息（总面积可以在字段名称上面右键，用统计功能直接读取），如图 6.9 所示。

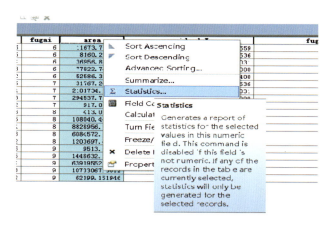

图 6.9　获取总面积

d. 建一个双精度字段 P_i 存放计算结果，用字段计算工具带入计算数据，根据式（6.1）计算 $P_i = (\sum [\text{area}] \times [\text{area}]) / ([\text{fenji}X] \times [\text{fugai}X])$，其中，$P_i$ 为热岛分布指数，$\sum [\text{area}]$ 为研究区总面积，$[\text{area}]$ 为某种分级在某种地类上的面积，$[\text{fenji}X]$ 为某分级的总面积，$[\text{fugai}X]$ 为某地类的总面积，如图 6.10 所示。

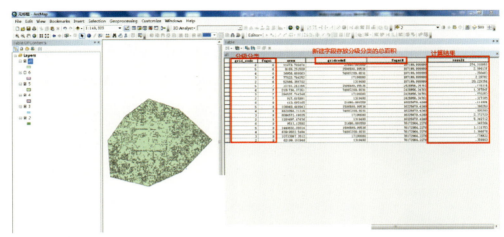

图 6.10　计算热岛分布指数

e. 通过在 ArcGIS 9.3 中的处理和运算，得出 8 期能够反映不同地表覆盖上不同级别城市热岛效应信息的西安市热岛分布指数图和统计成果表，如图 6.11 和表 6.1 所示。

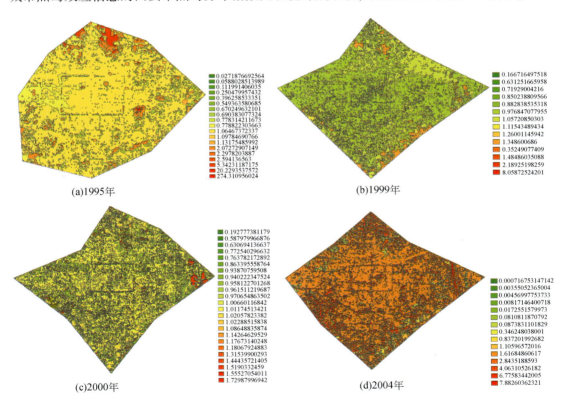

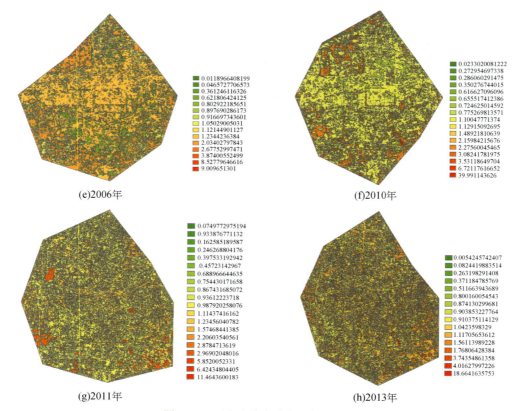

(e)2006年   (f)2010年

(g)2011年   (h)2013年

图 6.11　西安市热岛分布指数示意图

表 6.1　西安市热岛分布指数统计表

1995 年热岛分布指数统计表		
热岛分级	地表分类	P_i
6	建设用地	0. 54936358069
6	绿地	0. 11199140604
5	建设用地	1. 13175485992
5	绿地	0. 39625853335
5	裸地	0. 77831421167
5	水体	2. 59413656300
4	建设用地	1. 06467372337
4	绿地	0. 69038307732
4	裸地	1. 09784690766
4	水体	0. 25047995743
3	建设用地	0. 77882230366
3	绿地	2. 07272907149

1995 年热岛分布指数统计表		
热岛分级	地表分类	P_i
3	裸地	0.67024963210
3	水体	2.29782038870
2	建设用地	0.05880285140
2	绿地	5.34231187175
2	裸地	0.02718766926
2	水体	20.22935375720

1999 年热岛分布指数统计表		
热岛分级	地表分类	P_i
4	建设用地	0.63125166596
3	绿地	1.35249077409
3	裸地	1.48486035088
3	水体	2.18925198259
3	建设用地	0.85023880957
2	裸地	1.11543489434
2	水体	0.88283853532
2	绿地	1.34860068600
2	建设用地	0.97684707796
1	水体	1.26001145942
1	裸地	0.71929004216
1	建设用地	1.05720850303
1	绿地	0.16671649752

2000 年热岛分布指数统计表		
热岛分级	地表分类	P_i
6	裸地	1.18067924883
6	水体	1.55527054011
6	绿地	0.19277738118
6	建设用地	1.02288515838
5	裸地	1.17673140248
5	绿地	0.77254029663
5	水体	1.72987996942
5	建设用地	0.96151121969
4	水体	1.31539900293
4	裸地	1.08648835874
4	绿地	0.63069413664

续表

2000 年热岛分布指数统计表		
热岛分级	地表分类	P_i
4	建设用地	1.00660116842
3	裸地	1.14264629529
3	绿地	1.44435721405
3	水体	0.79378217289
3	建设用地	0.95812270127
2	绿地	0.93870759508
2	裸地	0.97065486350
2	水体	0.94022234752
2	建设用地	1.01174513421
1	水体	1.51903324590
1	绿地	0.58797996688
1	裸地	0.86339555876
1	建设用地	1.02057823382

2004 年热岛分布指数统计表		
热岛分级	地表分类	P_i
4	裸地	0.00355052365
4	建设用地	0.00071675315
4	绿地	0.00817146401
3	绿地	1.10596572016
3	裸地	0.08108118708
3	水体	0.01725515800
3	建设用地	0.00456997754
2	水体	0.34624803800
2	绿地	2.84351885930
2	建设用地	0.08738311018
2	裸地	0.83720199268
1	裸地	0.46310526182
1	绿地	6.77583442005
1	建设用地	1.61684860617
1	水体	7.88260362321

2006 年热岛分布指数统计表		
热岛分级	地表分类	P_i
6	裸地	2.67752997471
6	水体	8.52779646616

2006 年热岛分布指数统计表

热岛分级	地表分类	P_i
6	建设用地	0.80292218565
6	绿地	0.01189664082
5	裸地	1.05029005031
5	绿地	0.36124611633
5	建设用地	1.23442363840
5	水体	0.89769028617
4	绿地	2.03402797843
4	建设用地	0.62180642413
4	裸地	0.91669734360
4	水体	1.12144901127
3	水体	9.00965130100
3	裸地	0.04657277066
3	绿地	3.87400552499

2010 年热岛分布指数统计表

热岛分级	地表分类	P_i
6	裸地	6.72117616652
6	建设用地	0.35027674402
5	绿地	0.28606029148
5	建设用地	0.77526981357
5	裸地	3.53118649704
5	水体	2.15984215676
4	建设用地	1.10047771374
4	绿地	0.61662709610
4	裸地	1.12915092695
4	水体	0.65551741239
3	绿地	2.27560045465
3	水体	1.48921810639
3	建设用地	0.72462501459
3	裸地	0.27295469734
2	绿地	3.08241781975
2	水体	39.99114362600
2	建设用地	0.02330200812

2011 年热岛分布指数统计表

热岛分级	地表分类	P_i
6	水体	11.46436001830
6	建设用地	0.45723142967
6	裸地	2.87847136190
6	绿地	0.39753319294
5	绿地	0.16258518959
5	水体	6.42434804405
5	裸地	2.20603540561
5	建设用地	0.93612223718
4	绿地	0.24626880418
4	裸地	1.57468441385
4	建设用地	1.23456040782
4	水体	0.75443017166
3	裸地	0.86743168507
3	绿地	1.11437416162
3	建设用地	0.98792025808
3	水体	0.68896664464
2	绿地	2.96902048016
2	裸地	0.07497729752
2	水体	5.85200523310
2	建设用地	0.09338767711

2013 年热岛分布指数统计表

热岛分级	地表分类	P_i
6	裸地	1.76806428384
6	水体	4.01627997226
6	建设用地	0.37118478577
6	绿地	0.51166394369
5	绿地	0.26319829141
5	裸地	1.56113989228
5	建设用地	0.80016005454
5	水体	0.87413029968
4	绿地	1.11705653612
4	裸地	0.90385322776
4	建设用地	1.04235983290
4	水体	0.91037511413
3	绿地	3.74354861358
3	水体	18.66416357530
3	建设用地	0.08244198835
3	裸地	0.00542457424

对每一期 P_i 求均值 P，见表 6.2，代表每一期数据的热岛分布指数，在 Excel 中制作每期的热岛分布指数变化图，如图 6.12 所示，通过对比分析可以进行城市热岛效应的整体评价。

表 6.2　多期热岛分布指数均值表

年份	P
1995	2. 230138
1999	1. 079619
2000	1. 034278
2004	1. 471604
2006	1. 761444
2010	3. 834403
2011	1. 574755
2013	2. 174584

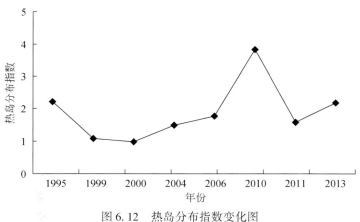

图 6.12　热岛分布指数变化图

6.5　基于热岛分布指数的城市热岛效应分析评价

根据前文的研究结果，1995～2013 年西安市城市热岛效应边界内地表覆盖情况和城市热岛效应的分级情况如表 6.3 和表 6.4 所示。

表 6.3　西安市地表覆盖面积表　　　　　　　　（单位：m²）

类型	1995 年	1999 年	2000 年	2004 年	2006 年	2010 年	2011 年	2013 年
水体	187200	9197622. 2	6894014. 6	21872904	3305238. 3	3243760. 7	4630717. 7	5580486. 8
裸地	2428956	10536369	10815284	36182248	48083717	42406110	70556591	164496810

续表

类型	1995 年	1999 年	2000 年	2004 年	2006 年	2010 年	2011 年	2013 年
绿地	16225679	7963744.8	11804025	16804068	70350665	76906202	115994609	79265392
建设用地	76172964	125894464	121019776	105507080	182817680	250049327	204715483	166135112
总计	95014799	153592200	150533099.6	180366300	304557300.3	372605399.7	395897400.7	415477800.8

表 6.4　西安市热岛分级面积表　　　　　　（单位：m²）

分级	1995 年	1999 年	2000 年	2004 年	2006 年	2010 年	2011 年	2013 年
1 级	0	45287100	21320100	160795800	0	0	0	0
2 级	1319400	107674200	89259300	6839900	0	989100	19090800	0
3 级	17190000	615600	35688600	2647800	367200	86904900	284138100	2222100
4 级	74887200	15300	3477600	82800	115587900	273356100	89496900	349452900
5 级	1596600	0	546300	0	188298579	11315700	3068100	63771300
6 级	21600	0	241200	0	303620.54	39600	103500	31500
总计	95014800	153592200	150533100	170366300	304557299.5	372605400	395897400	415477800

6.5.1　地表覆盖数据统计分析

由表 6.3 西安市地表覆盖面积表中的各期数据，在 Excel 中制作水体、裸地、绿地、建筑用地的各类地表覆盖要素的变化趋势，如图 6.13 所示。

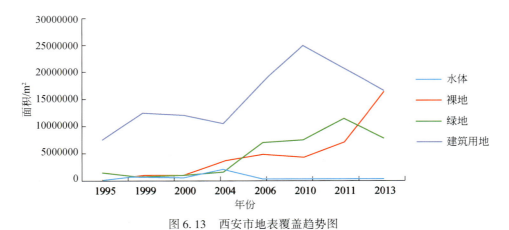

图 6.13　西安市地表覆盖趋势图

分析可知，18 年间城市建城区的地表覆盖类型中建设用地面积一直占主导地位，1995～2010 年持续上升，2010 年之后有所下降；绿地面积 1995～2011 年持续上升，2011～2013 年有所回落，说明西安市政府一直以来比较关注环境保护工作；裸地面积 1995～2013 年逐年上升，这与城市快速发展，大面积扩建、征地等情况相吻合，但同时也说明城市内部限制土地较多，利用率有待于提高；水体面积这些年间没有明显变化，西安市市区内部需要增加大面积水域，以有利于调节城市热岛效应，同时更适宜人居。

6.5.2　热岛效应分布统计分析

本书将正规化后的温度值分成 6 级显示，根据表 6.4 西安市热岛分级面积表中的各期数据，在 Excel 中统计每个年份、每个城市热岛效应等级在研究区域内所占的面积，分析城市热岛效应的演变趋势特征，如图 6.14 所示。

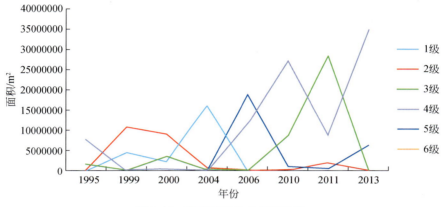

图 6.14　西安市热岛分级趋势图

根据西安市热岛分级趋势图可知，总体来看，1995～2013 年总体上热岛范围在扩张，其中，中低级热岛区域呈减少趋势，中级热岛区域呈增多趋势，高级热岛区域呈减少趋势，这与城市发展范围扩大，从单中心变为多中心，与统筹规划等因素都相关。

6.5.3　热岛分布指数分析

由热岛分布指数计算数据可知，通常情况下植被、水体在 1、2、3 级热岛效应强度中热岛分布指数都大于 1，是优势分布，发育和分布程度极高，在 5、6 级热岛效应强度中热岛分布指数都是劣势分布，发育和分布程度极低。几乎所有建设用地和裸地在 5、6 级热岛效应强度中热岛分布指数都大于 1，是优势分布，发育和分布程度较高，在 1、2、3 级热岛效应强度中热岛分布指数都是劣势分布，发育和分布程度极低。城市热岛效应 4 级是该区域的高低温过渡区域，由于不同年份情况不同，出现优劣势发育不明显的现象是正常的。表中还出现个别水体在高级别城市热岛效应等级中优势分布的异常值，经核实数据，是因为这些水体面积都非常小，仅为一个或几个像素，不能起到对城市热岛效应的调节作用，计算平均热岛分布指数时予以删除。大面积水体增加才能起到缓解城市热岛效应的作用。

根据中心极限定理，一般来说，如果一个量是由许多微小的独立随机因素影响的结果，就可以认为这个量具有正态分布特征，随机变量的概率分布都可以近似地用正态分布来描述，因此，城市热岛效应是服从正态分布的。随机变量如果服从正态分布则具有均值和方差两个参数，并且关于均值对称，均值体现了对变量的期望值，决定了变量的位置，方差决定了变量偏离期望值分布的幅度。热岛分布指数的中心位置即期望值，代表了城市热岛效应的基准强度。热岛分布指数偏离期望值的程度代表了城市热岛效应的强度。热岛分布指数是代表概率的无量纲数据，范围为 $[0, \infty]$，根据表 6.1，分级分地类的热岛分布指数 P_i 基本分布在标准 1 附近。因此，我们设定热岛分布指数 $P=1$ 为评价指标，当 $P>1$ 时，认为城市热岛效应明显；当 $P<1$ 时，认为城市热岛效应较弱。这个指标对于城市热岛效应的评价可以提供有益的参考依据。

基于以上数据和结论，通过分析可知，每一期的平均热岛分布指数 P 能够较为宏观地反映西安市城市热岛效应的整体发展情况。P 越大，该时期的城市热岛效应总体越强，反之亦然。因此，由图 6.12 可以看出，18 年间西安市的城市热岛效应都较为突出。城市热岛效应强度从 1995 年连续下降，在 2000 年达到最低，热岛分布指数为 1.034278，在 2010 年达到最高，为 3.834403，在 2011 年明显下降之后又有所回升。这与前文的分析结论是一致的。

6.6　本 章 小 结

本章在地表覆盖和城市热岛效应分级的基础上，创新性地提出监测城市热岛效应的分布指数 P，这是一个综合考虑各类信息、能够定量反映城市热岛效应分布和强度情况的数学计算公式，其也能够定量反映地表覆盖空间格局与城市热岛效应的变化关系，以及城市热岛效应的整体情况。通过研究得出：

1）18 年间城市建城区的地表覆盖类型中建设用地一直占主导地位，绿地 1995～2011 年持续上升，2011～2013 年有所回落，裸地面积逐年上升，水体面积没有明显变化，说明西安市发展快速，大面积扩建、征地但利用率有待于提高，政府注重环境绿化，内部需要增加大面积的水域。

2）总体上 1995～2013 年热岛范围在扩张。其中，中低级热岛区域呈减少趋势，中级热岛区域呈增多趋势，高级热岛区域呈减少趋势，这与城市发展范围扩大，从单中心变为多中心，统筹规划等因素都相关。

3）绿地、水体在低等级区域的城市热岛效应是优势分布，发育和分布程度高，在高等级区域的城市热岛效应发育和分布程度低。建设用地和裸地在高等级区域的城市热岛效应是优势分布，发育和分布程度较高，在低等级区域的城市热岛分布指数都是劣势分布，发育和分布程度极低。

4）城市热岛效应是服从正态分布的，热岛分布指数 $P=1$ 为评价指标，当 $P>1$ 时，认为城市热岛效应明显；当 $P<1$ 时，认为城市热岛效应较弱。通过分析可知，18 年间西安市城市热岛效应整体较为明显，从 1995 年连续下降至 2000 年，之后逐年上升到 2010 年达到顶峰，在 2011 年明显下降之后又逐渐回升，这与西安市的发展实际和定性分析结果相一致，验证了其合理性与正确性。

参 考 文 献

戴晓燕 . 2008. 基于遥感数据挖掘定量反演城市化区域地表温度研究 . 华东师范大学 .

李丽光，王宏博，贾庆宇，等 . 2012. 辽宁省城市热岛强度特征及等级划分 . 应用生态学报，23（5）：
　1345-1350.

汤国安，杨昕 . 2006. ARCGIS 地理信息系统空间分析实验教程 . 北京：科学出版社 .

王晓栋，陈晓峰，党安荣等 . 2004. 遥感图像处理方法 . 北京：清华大学出版社 .

第7章 西安市城市热岛效应影响因素研究

前述章节从空间分析的角度对西安市城市热岛效应进行了阐述，本章之后将结合自然、经济、社会等因素从社会发展的角度对西安市城市热岛效应进行阐述。

近年来，我国城镇化水平超过50%，城市化进程加快使我们面临人口膨胀、管理复杂、交通拥堵、能源短缺、环境恶化等诸多问题。其中，城市热岛效应作为城市环境问题之一，它所带来的负面影响也不容忽视。城市热岛效应是一个非常复杂的系统，它的形成与多种影响因素相关，各个影响因素之间也相互关联，有自然因素也有人为因素。因此，准确理解和深入研究一个地区的城市热岛效应的影响机理，以及城市化进程与城市热岛效应的关系，有助于寻找客观规律，对城市合理布局，缓解城市热岛效应，促进生态和谐，城市可持续发展有着积极意义。

已有研究表明，建设用地与城市热岛效应之间存在正相关关系，水体、绿地与城市热岛效应之间存在负相关关系（唐曦等，2008；赖震刚，2010），但大多数研究仅建立了城市热岛效应的一个影响因素与地表温度的线性相关关系的简单分析，缺乏对多因素进行综合研究分析，并且无法得知多因素对城市热岛效应的影响程度和排序问题，以及城市化进程与城市热岛效应的确切关系。总体来说较为局限，不够全面，这就形成了城市热岛效应研究领域的分析成果多单一、少综合、多定性、少定量的局面，影响了成果在城市生态系统和城市规划中的应用。

首先，本章基于前人的研究成果与结论，确定影响城市热岛效应的主要因素，其中有自然因素，也有社会因素。其次，基于1995～2013年西安市统计年鉴数据，进行各影响因子的提取、各影响因子与城市热岛效应的关联度计算，以及影响程度排序，这不同于大多数研究，仅仅拟合简单的线性回归方程来评判单个因子与城市温度的关系，是多因素综合考虑的定量研究，并从自然、社会角度阐述了城市热岛效应与城市化进程的关系。此外，本章确定的城市热岛效应影响因子排序将对后续章节的城市热岛效应模拟预测研究提供依据与铺垫。

7.1 城市热岛效应的影响因素确定

城市热岛效应的形成是非常复杂的，与多种因素息息相关。众多研究表明，城市热岛效应的影响因子众多，主要包括风速、风向、城市人口密度、城市下垫面、城市扩张、地表植被覆盖度、工业能耗模式、生产生活人为热等。同时，不同地区的城市因为地理位置和气候等差异，城市热岛效应的分布特征也不相同，表现为相同规模城市的热岛效应因其经纬度的不同而不同。

对于地形地貌等稳定因素，本书暂不予考虑，仅考虑人为相对可控，或能够加以改善的因素，并从中加以选择，选取具有代表性的因子进行研究，探索城市热岛效应与影响因素的定量相关关系，为有效缓解城市热岛效应提供参考。本书综合参考了谢苗苗等

（2011）、康文星等（2011）、林怡云等（2009）、景元书和谢济善（2006）、谢启姣（2011）等作者的研究，他们普遍认为，城市下垫面性质、气候因素、人口因素、经济因素、人为热排放因素、大气污染因素是影响城市热岛效应的主要因素，因此，本章选择这几个因素作为定量研究西安市城市热岛效应的相关因子。

7.1.1　城市下垫面性质

西部大开发以来，西安市作为西北经济核心区，城市化进程不断加快，并逐步向国际化大都市迈进，城市面积不断扩张，城市边缘扩展迅速，城市内部改造加剧，布局结构适当调整。根据《西安市统计年鉴》资料，1995～2013 年的 18 年间，西安市建成区面积变化显著，呈逐年增长趋势，如表 7.1 所示。由表 7.1 可知，建成区面积从 1995 年的 148 km² 扩展到 2013 年的 451.38 km²，是 1995 年的 3.05 倍，年均增长 16.85 km²。伴随着大规模的城市化建设，城市不透水面替代了自然覆盖的植被，导致地面储水能力下降，自然土地的调节作用也随之下降，加剧了城区的高温化和干燥化趋势，这是本书需要选择的人为影响因子之一。

表 7.1　西安市多期建成区面积表　　　　　（单位：km²）

影响因素	1995 年	1999 年	2000 年	2004 年	2006 年	2010 年	2011 年	2013 年
建成区面积	148	162	186.97	203.77	231	283	395	451.38

同样，1995～2013 年的 18 年间西安市绿地面积统计图表见表 7.2。由表 7.2 可知，1995 年西安市市区绿地面积为 1763 ha，2013 年西安市绿地面积为 15196 ha，是 1995 年的 8.62 倍，年均增长 746.28 ha。随着城市生活环境和人民生活质量逐步提高，西安市建成区绿地面积逐年增加，大片开放的广场、草坪、公园、示范园、保护湿地等提高了绿地指标，这些都能够有效调节城市热岛效应，对西安市的生态保护发挥了重要作用，这也是本章要选取的人为影响因子之一。

表 7.2　西安市多期城区绿地面积表　　　　　（单位：ha）

影响因素	1995 年	1999 年	2000 年	2004 年	2006 年	2010 年	2011 年	2013 年
绿地面积	1763	3815	4443	4502	4867	9553	12140	15196

7.1.2　气候因素

在气候因素中，年降水量和平均风速是对城市热岛效应影响较为明显的两个量值，1995～2013 年的 18 年间西安市年降水量和平均风速统计图表见表 7.3 和表 7.4。

表 7.3　西安市多期城区年降水量表　　　　　（单位：mm）

影响因素	1995 年	1999 年	2000 年	2004 年	2006 年	2010 年	2011 年	2013 年
年降水量	531.1	600.5	589.5	883.2	541.74	660.3	504.4	426.7

表 7.4　西安市多期城区平均风速表　　　　（单位：m/s）

影响因素	1995 年	1999 年	2000 年	2004 年	2006 年	2010 年	2011 年	2013 年
平均风速	2.1	1.7	1.5	0.9	1.0	1.5	1.4	1.2

在通常情况下，较为稳定、气压梯度小、风速小的天气有利于城市热岛效应形成。城市通风，热岛强度减弱，风速小，热岛强度达到最大。因此，风速是我们要选取的自然影响因子之一。降水对于快速消除城市热岛效应具有积极作用，因此，年降水量也是我们要选取的自然影响因子之一。

7.1.3　人口因素

城市热岛效应与城市人口也有着密不可分的联系。西安市作为西北五省的政治经济文化中心，居住人口也是呈逐年上升趋势，1995～2013 年的 18 年间，西安市人口数量变化情况见表 7.5。由表 7.5 可以看出，1995 年西安市市区人口共 293.16 万人，到 2013 年已增长至 656.5 万人，是 1995 年的 2.24 倍，年均增长 20.19 万人。人口的变化会影响气温的变化，通常表现为人口数量越多、密度越大、气温越高，人口数量不断上升会带来城市建设、环境污染、能量消耗等多方面问题。城市人口数量增加、人口密度增大会导致气温升高，同时，工作生活中电器、设备、工具、能源的使用等会大量增加能耗，这些都直接增加了城市热量和大气污染。因此，人口也是本章要选取的人为影响因子之一。

表 7.5　西安市多期城区人口表　　　　（单位：万人）

影响因素	1995 年	1999 年	2000 年	2004 年	2006 年	2010 年	2011 年	2013 年
市区人口	293.16	378.25	383.04	510.26	533.21	647.28	650.7	656.5

7.1.4　经济因素

经济发展是城市发展的根本驱动因素，经济增长和经济发展速度变化带动了城市建设、人口、布局等各个层面的变化。因此，经济因素是一个间接与城市热岛效应相关的人为因素之一，本章选择国内生产总值（GDP）和工业总值两个影响因子。

1. 国内生产总值

GDP 是反映国民经济发展状况的综合指标，是指一个国家或地区范围内的所有常驻单位，是一定时期内生产最终产品和提供劳务价值的总和。有研究表明，国内生产总值与城市温度有一定的相关性。1995～2013 年的 18 年间，西安市市区 GDP 呈高速增长趋势，见表 7.6。可以看出，1995 年西安市市区 GDP 为 223.57 亿元，到 2013 年已增长至 3659.47 亿元，是 1995 年的 16.37 倍，年均增长 190.88 亿元。

表 7.6　西安市多期城区 GDP 表　　　　（单位：亿元）

影响因素	1995 年	1999 年	2000 年	2004 年	2006 年	2010 年	2011 年	2013 年
市区 GDP	223.57	463.94	513.63	858.52	957.98	2315.09	2761.02	3659.47

2. 工业总值

工业生产属于高能耗、高排放的产业，容易造成局部地区气温升高，在空气流动小的情况下，工业排放固体和气体污染物不易扩散，会引起城郊温差，因此，工业生产也是形成城市热岛效应的原因之一。1995～2013 年的 18 年间，西安市市区工业总值呈逐年增长趋势，见表 7.7。可以看出，1995 年，西安市市区工业总值为 110.52 亿元，到 2013 年已增长至 3251.08 亿元，是 1995 年的 29.42 倍，年均增长 174.48 亿元。

表 7.7　西安市多期城区工业总值表　　　　（单位：亿元）

影响因素	1995 年	1999 年	2000 年	2004 年	2006 年	2010 年	2011 年	2013 年
工业总值	110.52	324.29	339.05	538.90	920.39	2048.35	2206.96	3251.08

7.1.5　人为热排放因素

随着城市人口的集中、经济的发展，城市人的生活方式和生活水平也发生了相应的变化，城市公共服务日益完善，贸易流通更加快捷，居民出行更加便利，私家车拥有量急剧上升，因此，交通运输产生的热是人为热排放不可忽视的一部分，对城市大气环境有着重要的影响，这些都会产生大量的热量促使城市热岛效应形成。1995～2013 年的 18 年间西安市运输量总体呈增长趋势，见表 7.8。可以看出，1995 年西安市运输量为 5550 万人次，到 2013 年已增长至 36154 万人次，是 1995 年的 6.51 倍，年均增长 1700.22 万人次。随着时代发展，大量运输所产生的大量废热与城市热岛效应的形成密不可分，因此，本章选取运输量作为城市热岛效应的人为影响因子之一。

表 7.8　西安市多期城区运输量表　　　　（单位：万人次）

影响因素	1995 年	1999 年	2000 年	2004 年	2006 年	2010 年	2011 年	2013 年
运输量	5550	6948	7904	9252	8294	25271	26536	36154

城市是人类生产生活的地方，释放出包括工业生产、日常生活、交通运输等大量热源。人们工作生活中使用的燃气主要有液化石油气、人工煤气、天然气。天然气的主要成分为甲烷，液化石油气的主要成分是丁烷和丙烷，还有部分戊烷、丙烯、丁烯，人工煤气的主要成分为烷烃、烯烃、芳烃、一氧化碳和氢等可燃气体，并含有少量的二氧化碳和氮气等不可燃气体。天然气中甲烷的含氢比例远高于液化石油气和煤气，燃烧后，氢会和空气中的氧化合生成水，碳会和空气中的氧化合生成二氧化碳。从生成的产物看，燃烧后生成水造成的污染小，而生成二氧化碳的污染大，且是温室气体。天然气燃烧后生成水的比

例要比液化气燃烧后生成水的比例高很多，温室气体二氧化碳的比例低很多，因此，污染小、能耗低，属于清洁能源。已有研究认为，人为热对城市热岛效应的形成起很大作用，白天和夜晚均使城市温度增加。

本章选择能源消耗液化石油气、能源消耗人工煤气为人为影响因子之一。通过 1995～2013 年 18 年间的统计数据可以发现，1995～2013 年 18 年间，西安市能源消耗液化石油气总体呈先升后降再升的趋势，见表 7.9。可以看出，1995 年西安市能源消耗液化石油气为 25550t，到 2006 年增长至最高，为 78172t，是 1995 年的 3.06 倍，到 2010 年之后急剧下降。1995～2013 年 18 年间，西安市能源消耗人工煤气总体呈下降趋势，见表 7.10。可以看出，1995 年西安市能源消耗人工煤气为 13322 万 m^3，到 2013 年已下降至 0，全市已取消对煤气的使用，年均下降速率为 170%。

表 7.9　西安市多期城区能源消耗液化石油气表　　　　　　（单位：t）

影响因素	1995 年	1999 年	2000 年	2004 年	2006 年	2010 年	2011 年	2013 年
能源消耗液化石油气	25550	26816	39182	77084	78172	896	1130	4592.7

表 7.10　西安市多期城区能源消耗人工煤气表　　　　　　（单位：万 m^3）

影响因素	1995 年	1999 年	2000 年	2004 年	2006 年	2010 年	2011 年	2013 年
能源消耗人工煤气	13322	7829	3748	1258	913	23	23	0

7.1.6　大气污染因素

大气污染也与城市热岛效应的形成密不可分。大气污染物主要分为天然污染物和人为污染物两种，引起环境问题的往往是人为污染物，主要来源于能源消耗、工业生产、生活垃圾、垃圾处理、交通运输，主要包括颗粒物（粉尘、酸雾和气溶胶等）、硫氧化物（二氧化硫、三氧化硫等）、碳氧化物（一氧化碳、二氧化碳）和氮氧化物（一氧化氮、二氧化氮、氧化亚氮和三氧化二氮等）。城市大气污染物和尘埃形成雾霾，吸收或散射太阳辐射，形成温室效应，增强了城市热岛效应。

本章选择废气排放量作为城市热岛效应影响因素之一。通过 1995～2013 年 18 年间的统计数据可以发现，1995～2013 年 18 年间，西安市废气排放量呈先降后升的趋势，且 2005 年之后增长迅速，见表 7.11。可以看出，1995 年西安市废气排放量为 416 亿 m^3，到 2004 年下降至最低，为 329.02 亿 m^3，之后急剧上升，到 2013 年增长至 1043.31 亿 m^3，是 1995 年的 2.51 倍。

表 7.11　西安市多期城区废气排放量表　　　　　　（单位：亿 m^3）

影响因素	1995 年	1999 年	2000 年	2004 年	2006 年	2010 年	2011 年	2013 年
废气排放量	416.00	329.02	281.77	353.14	470.58	737.24	791.56	1043.31

根据上述分析思路所涉及的西安市城市热岛效应影响因素，这些因子基本概括了影响西安市城市热岛效应所有的主要因素。

7.2　基于灰色关联度的城市热岛效应影响因子定量研究

7.2.1　灰色关联理论

热岛效应如同社会系统、经济系统、农业系统、生态系统、教育系统等，都属于复杂的抽象系统。抽象系统包含多因素，多因素共同作用决定系统的发展。众多因素中，分清主次是系统分析的关键问题。一般，用于系统分析的方法有很多，包括回归分析、方差分析、主成分分析等，但这些分析基本都需要大量数据，或要求数据符合一定特征，或计算复杂，计算量大。灰色关联分析的方法弥补了数理统计方法做系统分析的不足。

灰色关联度的计算原理如下。

设 $X_0 = (x_0(1), x_0(2), \cdots, x_0(n))$ 为系统特征行为序列，且

$$X_1 = (x_1(1), x_1(2), \cdots, x_1(n))$$

$$\cdots\cdots$$

$X_i = (x_i(1), x_i(2), \cdots, x_i(n))$ 为相关因素序列。

对于 $\xi \in (0, 1)$，令

$$\gamma(x_0(k), x_i(k)) = (\min\min|x_0(k) - x_i(k)| + \xi\max\max|x_0(k) - x_i(k)|)$$
$$/ |x_0(k) - x_i(k)| + \xi\max\max|x_0(k) - x_i(k)| \qquad (7.1)$$

$$\gamma(X_0, X_i) = 1/n \sum \gamma(x_0(k), x_i(k)) \qquad (7.2)$$

式中，$i = 1, 2, 3, \cdots$；m 为相关因素的数量；$k = 1, 2, 3\cdots$；n 为每种因素的样本数量；ξ 为分辨系数；$\gamma(X_0, X_i)$ 为每种相关因素与系统特征的灰色关联度。

7.2.2　城市平均温度与各影响因子的灰色关联度计算

将研究区范围内的平均温度作为变量，能够反映该地区在其周边环境背景下城市热岛效应的强度（刘宇鹏等，2011）。研究区的平均温度和温度标准差可以较好地体现地表热场的空间分布情况，使不同期的数据具有宏观可比性（谢启娇，2011）。本节研究的因变量温度来自西安市统计年鉴中的城区年均气温。表 7.12 展示了 18 年间西安市城区年均气温变化状况，从表中可以看出，西安市城区年平均气温升降交替，从 1995 年的 14.4℃ 上升到 2000 年的 15.1℃，上升了 0.7℃，之后有所回落，2010 年、2011 年又有所上升，2013 年有所回落。

表 7.12　西安市多期城区年均气温表　　　　　　（单位：℃）

影响因素	1995 年	1999 年	2000 年	2004 年	2006 年	2010 年	2011 年	2013 年
年均气温	14.4	15.1	15.1	14.4	14.9	15.1	15.3	14.6

　　7.2.1 节分析了西安市城市热岛效应的影响因素，并选择了具有代表性的影响因子，本节将引入灰色关联理论对各项影响因子对城市热岛效应的影响程度进行定量化计算与分析，以便于探讨综合影响因素中多因子对城市热岛效应的贡献率大小问题，从而更深入地理解西安市城市热岛效应的形成机理。选取植被、建筑、人口、经济、污染、气候、人为排放等作为影响因子。

　　为此，以西安市城区年均温度为变量元，以代表城市下垫面的绿地、城市建成区，以及降水量、平均风速、城市人口数量、GDP、工业总值等分别作为自变量，用灰色关联理论分析多因素与热岛强度间的相关关系。数据来源为西安市（1985～2013 年）18 年间的统计年鉴数据。

　　基于 7.2.1 节的分析，利用灰色关联度理论，我们设定：

　　以 1995～2013 年的 8 期统计年鉴中城区平均温度为系统特征行为序列，因变量 X_1，

　　$X_1 = (14.4, 15.1, 15.1, 14.4, 14.9, 15.1, 15.3, 14.6)$；

　　各影响因子为相关因素序列，$X_2, \cdots, X_{12}$，其中，

　　8 期统计年鉴中城区绿化面积数据为 X_2，

　　$X_2 = (1763, 3815, 4443, 4502, 4867, 9553, 12140, 15196)$；

　　8 期统计年鉴中建城区面积数据为 X_3，

　　$X_3 = (148, 162, 186.97, 203.77, 231, 283, 395, 451.38)$；

　　8 期统计年鉴中城区降水量数据为 X_4，

　　$X_4 = (531.1, 600.5, 589.5, 883.2, 541.4, 660.3, 504.4, 426.7)$；

　　8 期统计年鉴中城区平均风速数据为 X_5，

　　$X_5 = (2.1, 1.7, 1.5, 0.9, 1.0, 1.5, 1.4, 1.2)$；

　　8 期统计年鉴中城区废气排放量数据为 X_6，

　　$X_6 = (416, 329.02, 281.77, 353.14, 470.58, 737.24, 791.56, 1043.31)$；

　　8 期统计年鉴中城区人口数据为 X_7，

　　$X_7 = (293.1624, 378.2534, 383.0390, 510.2553, 533.2127, 647.28, 650.7, 656.5)$；

　　8 期统计年鉴中城区 GDP 数据为 X_8，

　　$X_8 = (233.5675, 463.9374, 513.6255, 858.52, 957.98, 2351.09, 2761.02, 3659.47)$；

　　8 期统计年鉴中城区工业总值数据为 X_9，

　　$X_9 = (110.52, 324.2902, 339.0451, 538.8952, 920.3879, 2048.35, 2206.96, 3251.08)$；

　　8 期统计年鉴中城区运输量数据为 X_{10}，

　　$X_{10} = (5550, 6948, 7904, 9252, 8294, 25271, 26536, 36154)$；

　　8 期统计年鉴中城区能源消耗量数据为 X_{11} 和 X_{12}，

　　$X_{11} = (25550, 26816, 39182, 77084, 78172, 896, 1130, 4529.7)$；

　　$X_{12} = (13322, 7829, 3748, 1258, 913, 23, 23, 0)$。

　　根据式（6.1）和式（6.2），具体计算步骤如下。

　　（1）先计算各序列的初值像，相当于把数据进行标准化处理

　　$X_i' = X_i / x_i (1)$，得

　　$X_1' = (1, 1.05, 1.05, 1.00, 1.03, 1.05, 1.06, 1.01)$

$X_2' = (1,\ 2.16,\ 2.52,\ 1.01,\ 1.08,\ 5.42,\ 6.89,\ 8.62)$

$X_3' = (1,\ 1.09,\ 1.26,\ 1.38,\ 1.13,\ 1.91,\ 2.67,\ 3.05)$

$X_4' = (1,\ 1.13,\ 1.11,\ 1.66,\ 1.02,\ 1.24,\ 0.95,\ 0.80)$

$X_5' = (1,\ 0.81,\ 0.71,\ 0.43,\ 0.48,\ 0.71,\ 0.67,\ 0.57)$

$X_6' = (1,\ 0.79,\ 0.68,\ 0.85,\ 1.13,\ 1.77,\ 1.90,\ 0.00)$

$X_7' = (1,\ 1.29,\ 1.31,\ 1.74,\ 1.82,\ 2.21,\ 2.22,\ 2.24)$

$X_8' = (1,\ 1.99,\ 2.20,\ 3.68,\ 4.10,\ 10.07,\ 11.82,\ 15.67)$

$X_9' = (1,\ 2.93,\ 3.07,\ 4.88,\ 8.33,\ 18.53,\ 19.97,\ 29.42)$

$X_{10}' = (1,\ 1.25,\ 1.42,\ 1.67,\ 1.49,\ 4.55,\ 4.78,\ 6.51)$

$X_{11}' = (1,\ 1.05,\ 1.53,\ 3.02,\ 3.06,\ 0.04,\ 0.04,\ 0.18)$

$X_{12}' = (1,\ 0.59,\ 0.28,\ 0.09,\ 0.07,\ 0.00,\ 0.00,\ 0.00)$

（2）求各序列之间的差值

$\Delta_i(k) = |\ x_1'(k) - x_i'(k)\ |$

$i = 1,\ 2,\ 3,\ 4,\ 5,\ \cdots,\ 12$；$k = 1,\ 2,\ 3,\ \cdots,\ 8$，得

$\Delta_2 = (0,\ 1.12,\ 1.47,\ 0.01,\ 0.05,\ 4.37,\ 5.82,\ 7.61)$

$\Delta_3 = (0,\ 0.05,\ 0.21,\ 0.38,\ 0.10,\ 0.86,\ 1.61,\ 2.04)$

$\Delta_4 = (0,\ 0.08,\ 0.06,\ 0.66,\ 0.02,\ 0.19,\ 0.11,\ 0.21)$

$\Delta_5 = (0,\ 0.24,\ 0.33,\ 0.57,\ 0.56,\ 0.33,\ 0.40,\ 0.44)$

$\Delta_6 = (0,\ 0.26,\ 0.37,\ 0.15,\ 0.10,\ 0.72,\ 0.84,\ 1.01)$

$\Delta_7 = (0,\ 0.24,\ 0.26,\ 0.74,\ 0.78,\ 1.16,\ 1.16,\ 1.23)$

$\Delta_8 = (0,\ 0.94,\ 1.15,\ 2.68,\ 3.07,\ 9.02,\ 10.76,\ 14.65)$

$\Delta_9 = (0,\ 1.89,\ 2.02,\ 3.88,\ 7.29,\ 17.49,\ 18.91,\ 28.40)$

$\Delta_{10} = (0,\ 0.20,\ 0.38,\ 0.67,\ 0.46,\ 3.50,\ 3.72,\ 5.50)$

$\Delta_{11} = (0,\ 0.00,\ 0.48,\ 2.02,\ 2.02,\ 1.01,\ 1.02,\ 0.84)$

$\Delta_{12} = (0,\ 0.46,\ 0.77,\ 0.91,\ 0.97,\ 1.05,\ 1.06,\ 1.01)$

（3）求两级最大与最小差

$M = \max\max \Delta_i(k) = 28.40233$

$m = \min\min \Delta_i(k) = 0$

（4）求各序列之间的关联系数

$\gamma_{1i}(k) = (m + \xi M) / (\Delta_i(k) + \xi M)$，取 $\xi = 0.5$，

$i = 1,\ 2,\ 3,\ 4,\ 5,\ \cdots,\ 12$；$k = 1,\ 2,\ 3,\ \cdots,\ 8$，代入，得

$\gamma_{1i}(k) = 14.201165 / (\Delta_i(k) + 14.201165)$

经过计算，得

$\gamma_{12}(1) = 1$，$\gamma_{12}(2) = 0.927182$，$\gamma_{12}(3) = 0.906109$，$\gamma_{12}(4) = 0.999066$，

$\gamma_{12}(5) = 0.996747$，$\gamma_{12}(6) = 0.764689$，$\gamma_{12}(7) = 0.709184$，$\gamma_{12}(8) = 0.65123$

$\gamma_{13}(1) = 1$，$\gamma_{13}(2) = 0.996772$，$\gamma_{13}(3) = 0.985107$，$\gamma_{13}(4) = 0.974151$，

$\gamma_{13}(5) = 0.993083$，$\gamma_{13}(6) = 0.942677$，$\gamma_{13}(7) = 0.898377$，$\gamma_{13}(8)$

$= 0.87461$

γ_{14} （1） $= 1$，γ_{14} （2） $= 0.994255$，γ_{14} （3） $= 0.995699$，γ_{14} （4） $= 0.955398$，γ_{14} （5） $= 0.998922$，γ_{14} （6） $= 0.986478$，γ_{14} （7） $= 0.992121$，γ_{14} （8）
$= 0.985396$

γ_{15} （1） $= 1$，γ_{15} （2） $= 0.983443$，γ_{15} （3） $= 0.976999$，γ_{15} （4） $= 0.961318$，γ_{15} （5） $= 0.962158$，γ_{15} （6） $= 0.976999$，γ_{15} （7） $= 0.972883$，γ_{15} （8）
$= 0.969785$

γ_{16} （1） $= 1$，γ_{16} （2） $= 0.982179$，γ_{16} （3） $= 0.974523$，γ_{16} （4） $= 0.989473$，γ_{16} （5） $= 0.993249$，γ_{16} （6） $= 0.951514$，γ_{16} （7） $= 0.944131$，γ_{16} （8）
$= 0.933378$

γ_{17} （1） $= 1$，γ_{17} （2） $= 0.983269$，γ_{17} （3） $= 0.982159$，γ_{17} （4） $= 0.950439$，γ_{17} （5） $= 0.947675$，γ_{17} （6） $= 0.924526$，γ_{17} （7） $= 0.92466$，γ_{17} （8）
$= 0.920561$

γ_{18} （1） $= 1$，γ_{18} （2） $= 0.93806$，γ_{18} （3） $= 0.925061$，γ_{18} （4） $= 0.841458$，γ_{18} （5） $= 0.8224$，γ_{18} （6） $= 0.61163$，γ_{18} （7） $= 0.568963$，γ_{18} （8） $= 0.492156$

γ_{19} （1） $= 1$，γ_{19} （2） $= 0.882785$，γ_{19} （3） $= 0.875519$，γ_{19} （4） $= 0.785586$，γ_{19} （5） $= 0.660696$，γ_{19} （6） $= 0.44818$，γ_{19} （7） $= 0.428941$，γ_{19} （8）
$= 0.333333$

γ_{110} （1） $= 1$，γ_{110} （2） $= 0.985888$，γ_{110} （3） $= 0.974237$，γ_{110} （4） $= 0.955137$，γ_{110} （5） $= 0.968645$，γ_{110} （6） $= 0.802059$，γ_{110} （7） $= 0.792479$，γ_{110} （8）
$= 0.720816$

γ_{111} （1） $= 1$，γ_{111} （2） $= 0.999934$，γ_{111} （3） $= 0.96698$，γ_{111} （4） $= 0.875634$，γ_{111} （5） $= 0.87521$，γ_{111} （6） $= 0.933384$，γ_{111} （7） $= 0.933094$，γ_{111} （8）
$= 0.944367$

γ_{112} （1） $= 1$，γ_{112} （2） $= 0.968563$，γ_{112} （3） $= 0.948741$，γ_{112} （4） $= 0.940055$，γ_{112} （5） $= 0.936298$，γ_{112} （6） $= 0.931343$，γ_{112} （7） $= 0.930495$，γ_{112} （8）
$= 0.933363$

（5）求灰色关联度

城区平均温度与城区绿化面积关联度 $\gamma_{12} = (1/8) \times \sum \gamma_{12}(k) = 0.869276$

城区平均温度与建城区面积关联度 $\gamma_{13} = (1/8) \times \sum \gamma_{13}(k) = 0.958097$

城区平均温度与城区降水量关联度 $\gamma_{14} = (1/8) \times \sum \gamma_{14}(k) = 0.988534$

城区平均温度与城区平均风速关联度 $\gamma_{15} = (1/8) \times \sum \gamma_{15}(k) = 0.975448$

城区平均温度与城区废气排放量关联度 $\gamma_{16} = (1/8) \times \sum \gamma_{16}(k) = 0.971056$

城区平均温度与城区人口关联度 $\gamma_{17} = (1/8) \times \sum \gamma_{17}(k) = 0.954161$

城区平均温度与城区 GDP 关联度 $\gamma_{18} = (1/8) \times \sum \gamma_{18}(k) = 0.774966$

城区平均温度与城区工业总值关联度 $\gamma_{19} = (1/8) \times \sum \gamma_{19}(k) = 0.67688$

城区平均温度与城区运输量关联度 $\gamma_{110} = (1/8) \times \sum \gamma_{110}(k) = 0.899908$

城区平均温度与城区能源消耗液化石油气关联度 $\gamma_{111} = (1/8) \times \sum \gamma_{111}(k) = 0.941075$

城区平均温度与城区能源消耗人工煤气关联度 $\gamma_{112} = (1/8) \times \sum \gamma_{112}(k) = 0.948607$

7.3　城市热岛效应与城市化进程的关系分析

由城市化评价指标体系构成（张榫榫，2010）可知，一个地区的城市化发展水平主要由本地区的经济发展、人口状况、社会发展、基础设施建设和环境保护等方面反映，已有城市化发展水平评价指标体系见表 7.13。

表 7.13　城市化发展水平评价指标体系

城市化发展水平	人口城市化	非农业人口比重/%
		人口密度/（人/km²）
		第二产业、第三产业从业人员占总人口的比重/%
	经济城市化	工业总产值/亿元
		人均 GDP/元
		社会消费品零售总额/亿元
		出口总额/亿美元
		实际利用外资/万美元
	地域景观城市化	道路面积/万 m²
		公路通车里程/km
		城市建成区面积/km²
		人均公共绿地面积/m²
		建成区覆盖率/%
	生活方式、生活质量城市化	用水普及率/%
		燃气普及率/%
		人均天然气用量/m³
		私人拥有汽车数量/（辆/万人）
		每百人公共藏书量
	环境状态城市化	污水管道长度/km
		污水排放量/万 m³
		生活垃圾清运量/万 t
		万人拥有公厕数/座

通过基于灰色关联度的计算，可见在多因素中，各影响因子对城区平均温度的促进或阻碍程度是不同的，如表 7.14 和图 7.1 所示。可以得出，降水量影响因子的关联度最大，达到了 0.988534，工业总值影响因子的关联度最小，为 0.67688，从大到小的顺序为降水

量>平均风速>废气排放量>建成区面积>人口>能源消耗人工煤气>能源消耗液化石油气>运输量>绿化面积>GDP>工业总值。

表7.14　各影响因子与城区平均温度的关联度表

与温度关联	γ_{12}	γ_{13}	γ_{14}	γ_{15}	γ_{16}	γ_{17}
计算结果	0.869276	0.958097	0.988534	0.975448	0.971056	0.954161
与温度关联	γ_{18}	γ_{19}	γ_{110}	γ_{111}	γ_{112}	
计算结果	0.774966	0.67688	0.899908	0.941075	0.948607	

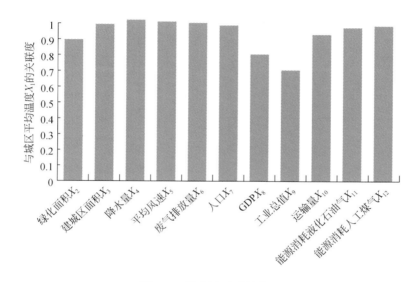

图7.1　影响因子贡献率图

　　根据（刘思峰和谢乃明，2008）表7.15，可以对城市热岛效应与多个影响因子的关联度进行评价。通过比较可以发现，降水量、平均风速、废气排放量、建成区面积、人口、能源消耗人工气体与城区平均温度是一级关联，运输量、绿化面积与城区平均温度是二级关联，GDP与城区平均温度是三级关联，工业总值与城区平均温度为四级关联。降水量、平均风速为自然因素，废气排放量、建成区面积、人口、能源消耗人工煤气、能源消耗液化石油气、运输量、绿化面积、GDP、工业总值均为人为因素。从自然、人为角度的多种因素分别证实了城区平均温度与城市化进程之间的定量关系。因此，笔者认为西安市城市热岛效应与城市化进程有相关关系。

表7.15　关联度评价指标表

精度等级	关联度
一级	0.9
二级	0.8

精度等级	关联度
三级	0.7
四级	0.6

结合实际可以发现，西安市位于陕西省关中腹地中心，属于暖温带半湿润大陆性季风气候，四季分明，北濒渭河，南依秦岭，八水环绕，自然环境相对比较稳定，适宜人居。然而，随着经济社会的快速发展，人为因素对西安市城市热岛效应的影响也发挥着越来越重要的作用，不容忽视。西安市是陕西省省会，现辖 9 区 4 县，是陕西省和西北地区重要的综合性中心。随着改革开放和西部大开发战略的实施，西安市进入快速建设和发展期，工业体系、城市基础设施、服务体系等日趋完善，GDP、工业总值、人口逐年增长，各类高新技术开发区应运而生，西安市向具有历史文化特色的国际性现代化大城市迈进。然而，经济的快速发展也带来了城市扩张过快、能源过度消耗、环境污染、产能底下等粗放型发展问题，这些都会给城市环境带来负面影响。可见自然因素和人为因素共同作用影响西安市城市热岛效应，城市热岛效应与城市化过程中的经济发展、人为活动等密切相关。

7.4　本 章 小 结

在研究时段内，西安市城市化进程不断加快，并且随着城市化发展，城市热岛效应也呈现出新的特点，为探讨西安市城市化进程与城市热岛效应之间的关系，本章从社会发展的角度进行了定量研究。

1）从社会发展角度，本章利用西安市 18 年间的部分年份统计资料（西安市统计局，1995~2013），分别从自然、人口、经济、规划、生活方式、城市化扩张等角度出发选取西安市降水量、平均风速、废气排放量、建成区面积、人口、能源消耗人工煤气、能源消耗液化石油气、运输量、绿化面积、GDP、工业总值共 11 项自然与人文指标，研究了西安市 18 年间的城市化进程对热岛效应的贡献率大小。结果表明，降水量>平均风速>废气排放量>建成区面积>人口>能源消耗人工煤气>能源消耗液化石油气>运输量>绿化面积>GDP>工业总值。降水量、平均风速、废气排放量、建成区面积、人口、能源消耗人工煤气与城区平均温度是一级关联，与运输量、绿化面积是二级关联，与 GDP 是三级关联，与工业总值是四级关联。

2）本章对多因素进行综合研究分析，并提取重要影响因子，定量获得多因子对城市热岛效应的影响程度排序；创新性地采用基于灰色关联度的城市热岛效应影响因子贡献程度大小计算方法，使用了灰色系统的理论思想，并且充分考虑了城市热岛效应形成因素的复杂性和不确定性，更加符合实际；灰色理论计算需要的数据资源比一般的统计分析方法少，不需要大量数据就能寻找到规律；综合运用遥感数据和统计年鉴数据，使城市热岛效应定量研究的数据源不断丰富。

3）基于本次研究结果发现，在自然环境较为稳定的西安市，自然因素与人为因素共同作用影响西安市的城市热岛效应，并且随着经济社会不断发展，人为因素对城市热岛效应造成的负面影响日趋显著,不利于可持续发展,不容忽视。希望有关部门能够在未来的城市规划工作中,充分考虑人为可控的城市热岛效应影响因子,倡导节能减排,合理控制城市用地扩展速度,提高土地利用效率,使用清洁能源,注重环境绿化,使西安市的城市热岛效应得到合理改善,更加适合人居。

参 考 文 献

景元书,谢济善.2006. 城市热岛效应影响因素分析. 中国科技信息,(21):215-216.

康文星,吴耀兴,何介南,等.2011. 城市热岛效应的研究进展. 中南林业科技大学学报,31(1):70-76.

赖震刚.2010. 基于遥感技术的热岛效应与城市绿地、水体分布关系的探讨. 南京:地理信息与物联网论坛暨江苏省测绘学会学术年会.

林怡云,吴阳,曹庆,等.2009. 城市热岛效应的影响因素及防治措施. 福建轻纺,(4):37-41.

刘思峰,谢乃明.2008. 灰色系统理论及其应用(第四版). 北京:科学出版社.

刘宇鹏,杨波,陈崇.2011. 基于遥感的长沙市城市热岛效应时空分析. 遥感信息,(6):73-78.

唐曦,束炯,乐群.2008. 基于遥感的上海热岛效应与植被的关系研究. 华东师范大学学报(自然科学版),1(1):461-463.

西安市统计局.1995. 西安市统计年鉴. 北京:中国统计出版社.

西安市统计局.1999. 西安市统计年鉴. 北京:中国统计出版社.

西安市统计局.2000. 西安市统计年鉴. 北京:中国统计出版社.

西安市统计局.2004. 西安市统计年鉴. 北京:中国统计出版社.

西安市统计局.2006. 西安市统计年鉴. 北京:中国统计出版社.

西安市统计局.2010. 西安市统计年鉴. 北京:中国统计出版社.

西安市统计局.2011. 西安市统计年鉴. 北京:中国统计出版社.

西安市统计局.2013. 西安市统计年鉴. 北京:中国统计出版社.

谢苗苗,王仰麟,付梅臣.2011. 城市地表温度热岛影响因素研究进展. 地理科学进展,30(1):35-40.

谢启姣.2011. 城市热岛演变及其影响因素研究. 华中农业大学博士学位论文.

张樨樨.2010. 我国城市化水平综合评价指标体系研究. 中国海洋大学学报(社会科学版),(1):60-64.

第8章 西安市城市热岛效应模拟预测 模型研究

近年来，数据挖掘技术迅速发展，它是一门多学科交叉的边缘学科。数据挖掘是从大量数据中寻找规律、规则、模式、趋势，在此基础上，将其变成有价值的信息和知识的技术，它在人工智能领域被称为数据库知识发现（knowledge discovery in database，KDD）。主要包括数据准备、规律寻找和规律表示3个步骤。数据准备是从数据源中选取所需数据，并整合成用于数据挖掘的数据集；规律寻找是用某种方法把数据集所含的规律找出来；规律表示是用便于理解的方式把规律表达出来。

模拟是对真实事物过程的虚拟。预测是在模拟的基础上，借助于对过去的认识、寻找规律推测未来。对于一个具体的问题，究竟选择什么样的预测模型，应该视具体数据特征、规律等情况而定，模型的选择不是一成不变的，同时，需要进行检验才能判定其合理性和有效性。此外，对于大部分现实情况，使用现有模型不能很好地进行预测，需要对现有模型进行一些合理的改进，以提高预测的准确度。作为西北干旱地区，西安市城市热岛效应加剧会导致一定的致灾效应，如旱涝灾害的比例有所上升，尤其是旱灾的增幅更加明显（刘小艳等，2009）。因此，对西安市的城市热岛效应宏观情况进行模拟和预测非常有必要。而目前，结合西安市的自然、经济、社会实际情况，基于灰色系统理论并对其加以改进对西安市城市热岛效应进行横向模拟与纵向预测的研究还不多见。

根据前述研究，降水量、平均风速、废气排放量、建成区面积、人口、能源消耗人工煤气与城区平均温度是一级关联，能很好地反映城市热岛效应形成的重要原因。本章选择与城市热岛效应灰色关联度大的因素作为模型体系中的因子，使用多用于水利河流径流量模拟的灰色 GM（0，N）模型对西安市城市热岛效应进行横向模拟与精度验证。使用灰色 GM（1，1）模型并对其加以改进，进行城市热岛效应纵向发展趋势的预测与精度验证。

8.1 常见预测模型比较

8.1.1 时间序列预测法

时间序列预测法就是将预测对象按照时间序列排列，由该序列过去的变化规律推断今后变化的可能性和变化趋势。时间序列预测能够反映趋势、周期性和随机性。ARMA 模型是时间序列模拟与预测的重要手段。它考虑一组现有值随时间的变化值，以及如何预测未来值。时间序列预测模型属于一种定量预测的回归模型，能够利用历史数据通过处理与统计分析进行趋势预测。

8.1.2　模糊模型

　　传统数学工具的建模方法对于某些复杂非线性系统模拟预测非常困难。基于模糊理论，从系统输入和输出数据来建模，能定量描述复杂系统的基本特征，揭示客观事物之间过渡时引起的分类上的不确定性。模糊模型中都包含了一定的模糊规则，如 T-S 模糊系统模型是由 Takagi 和 Sugeno（1985）提出的，其主要思想是把输入空间分成若干个模糊子空间，在每个子空间里建立关于输入输出的简单线性关系模型，它能以任意精度逼近非线性模型，在预测控制中被广泛应用。模糊模型多用于分类，如模糊聚类法将模糊性对象确切化，可以把缺少可靠的历史资料但是性质相近的事物归为一类。

8.1.3　灰色模型

　　随着科技发展和人类进步，人们对各类系统的不确定性认识在不断深化，研究也日趋深入。邓聚龙教授于 1982 年提出灰色系统理论，理论以具有"部分已知信息，部分未知信息"的不确定系统为研究对象，通过对已知信息进行挖掘提取有价值的信息，实现对系统行为、演化的有效监控。该理论已渗透到自然学和社会学的众多领域，为解决系统分析、建模、预测、决策和控制提供了有效工具。

　　GM（1，1）模型是一种常用的预测模型，具有建模过程简单、样本数据少、计算量小等特点，被广泛应用于诸多领域，并取得了较好的效果（许申平，2010）。本章研究所收集到的城市热岛效应数据有限，因此，借鉴灰色系统理论的"小样本"优势，对城市热岛效应进行模拟。GM（1，1）模型使用的限制条件是，原始数据单调，预测背景呈现稳定发展趋势。

　　灰色系统中既含有已知信息，又含有未知信息或非确知信息，现实生活中这样的系统非常普遍。灰色系统的重要研究内容之一是从不明确、信息不足的系统中抽象建立起一个确定的模型。灰色系统理论模型能够利用较少的或不确切的信息描述内部事物连续变化的过程。

8.1.4　马尔可夫（Markov）链模型

　　马尔可夫提出了 Markov 链，是数学中具有马尔可夫性质的离散时间随机过程。1906 年，马尔可夫首先做出了这类过程，他认为在给定当前知识或信息的情况下，过去对于预测将来是无关的。Markov 链是随机变量的一个数列，时间和状态都是离散的马尔可夫过程称为 Markov 链，简记为 $Xn = X(n)$，其中，$n = 0，1，2……$这些变量的范围即他们所有可能取值的集合，被称为"状态空间"，而 Xn 的值则是在时间 n 的状态。如果 X_{n+1} 对于过去状态的条件概率分布仅是 Xn 的一个函数，则 $P(Xn+1 = x \mid X0，X1，X2，\cdots，Xn) = P(X_{n+1} = x \mid Xn)$。

　　这里 x 为过程中的某个状态，上面这个恒等式可以被看作是马尔可夫性质。在马尔可夫预测过程中，在给定当前知识或信息的情况下，过去（即当期以前的历史状态）对于预测将来（即当期以后的未来状态）是无关的。Markov 链模型常被用于分析一个要素在某一阶段内由一个状态转变为另一个状态的可能性，即转变的概率。

8.1.5　BP 人工神经网络模型

神经网络（neural networks，NN）是由大量的、简单的处理单元（称为神经元）广泛地互相连接而形成的复杂网络系统，它反映了人脑功能的许多基本特征，是一个高度复杂的非线性动力学习系统。神经网络同样适合多因素、多条件的、不确定的信息问题处理。人工神经网络是由大量称为神经元或节点的简单信息处理元件组成的。多层节点模型与误差反向传播（BP）算法是目前一种比较成熟且广泛应用的模型和算法。该算法将一组样本的输入输出问题转化为一个非线性优化问题，事先假设数据间存在某种类型的函数关系。一般网络由三部分组成，输入层（input layer）、输出层（output layer）、隐藏层（hidden layer）。BP 人工神经网络模型具有较强的自我学习能力和容错性。

8.1.6　各种预测算法优缺点比较

时间序列预测法的优点是易于理解与操作，精度较高；缺点是无法反映事物的内在因素和相互联系。模糊模型的优点就是直观，结论形式简明；缺点是在样本量较大时，要获得结论具有一定的困难。灰色模型的优点是预测程序简单实用，容易操作，能够揭示数据的发展变化总趋势，预测精度高；缺点是模型本身固有的参数少，容错性小，具有快速衰减和递增的特点，预测时效性有限，不适宜进行超长期预测。Markov 链预测的优点是复杂的问题通过隐含的马尔可夫模型能够非常简单地被表述、解决，可以用 Markov 链来确定和预测事物发展的状态和规律，适用于长期预测和对随机波动性较大数据列的预测；缺点是它认为"未来"与"过去"无关，即过去的状态对现在的态势没有直接影响的情况。BP 人工神经网络模型的优点是适用于信息负责、推理规则不明确的情况，允许样本的缺损和畸变；缺点是具有局部极值、收敛速度慢等。

8.1.7　模拟与预测算法选择

城市热岛效应是一个复杂的系统，系统的发展演变过程由许多可知与未知、确定与不确定的因素相互作用，具有不确定性和连续性。本章研究城市热岛效应共选取了 8 期数据，属于小样本数据。灰色模型能够深入挖掘复杂系统的演化规律，并且具有需要的样本数量少的特点，因此，选择灰色模型作为原型进行西安市城市热岛效应的模拟与预测。但是，灰色系统整体适用于短期预测，进行长期预测时，预测值常常偏高或者偏低，预测精度较低，要准确揭示城市热岛效应的发展变化规律，需要根据其演化规律与特点对模型进行改进。本章在灰色模型中加入时间序列和指数平滑的特性，构建出针对城市热岛效应的灰色指数平滑模型，并进行精度检验，对西安市的城市热岛效应发展趋势进行预测。这样，既可以用灰色模型预测揭示城市热岛效应发展变化的总体趋势，又可以用时间序列来控制事物发展的连续性，用指数平滑来控制不同时间序列状态对未来的影响程度。

8.2　基于 GM（0，N）模型的城市热岛效应横向关系模型构建

8.2.1　GM 模型选择

本章将多用于水利河流径流量方面的横向模拟模型 GM（1，N）和 GM（0，N）加以比较，选择适用于城市热岛效应的横向关系模拟，此类研究还不多见。

GM（1，N）模型和 GM（0，N）模型不是一个孤立的 GM（1，1）模型，而是一串相互关联的 GM（1，1）模型，具有自变量和因变量之间的输入输出关系，而不是单纯的数列的变化预测，并且能够研究系统中各时期各因素的发展变化，为系统的综合研究与预测。

GM（1，N）模型：

设 $X_1^{(0)}$ 为系统特征序列，$X_i^{(0)}$（$i=2，3，\cdots，N$）为相关因素序列，

$X_i^{(1)}$ 为诸 $X_i^{(0)}$（$i=1，2，\cdots，N$）的 1-AGO 序列，

$Z_1^{(1)}$ 为 $X_1^{(1)}$ 的紧邻均值生成序列，则称

$$x_1^{(0)}(k) + az_1^{(k)} = \sum b_i X_i^{(1)}(k)(i=2，3，\cdots，N) \tag{8.1}$$

式中，$-a$ 为发展系数；b_i 为驱系数，这就是 GM（1，N）模型的公式表达。

GM（0，N）模型：

设 $X_1^{(0)}$ 为系统特征序列，$X_i^{(0)}$（$i=2，3，\cdots，N$）为相关因素序列，

$X_i^{(1)}$ 为诸 $X_i^{(0)}$（$i=1，2，\cdots，N$）的一阶累加生成序列（1-AGO 序列），则称

$$x_1^{(1)}(k) = b_2 x_2^{(1)}(k) + b_3 x_3^{(1)}(k) + \cdots + b_N x_N^{(1)}(k) + a \tag{8.2}$$

这就是 GM（0，N）模型的公式表达。

GM（1，N）模型和 GM（0，N）模型是对自变量和因变量关系的模拟与预测。已有研究表明，将 GM（1，N）模型和 GM（0，N）模型用于模拟预测，并进行了对 GM（1，N）模型和 GM（0，N）模型预测结果的精度检验和对比分析，结果显示 GM（0，N）模型具有更高的预测精度和可靠性，并且计算量小，计算简便（张勇等，2014）。因此，本章选择 GM（0，N）模型进行城市热岛效应横向关系模拟。

8.2.2　基于灰色 GM（0，N）模型的城市热岛效应横向关系模型

1. 数据获取

利用西安市城区 1995～2013 年共 8 期温度数据和主要影响因素数据构建城市热岛效应横向关系模型。以西安市 1995～2013 共 18 年的统计年鉴数据为基础，本章选取温度为因变量，主要影响因素选取第 7 章中灰色关联度大于 0.95 的因子，有降水量、平均风速、

废气排放量、建成区面积、人口共 5 个。

设系统特征数据序列温度为

$$X_1^{(0)} = (14.4, 15.1, 15.1, 14.4, 14.9, 15.1, 15.3, 14.6)$$

相关因素数据序列分别为 $X_i^{(0)}$，$i = (1, 2, 3, \cdots, 8)$：

降水量 $X_2^{(0)} = (531.1, 600.5, 589.5, 883.2, 541.4, 660.3, 504.4, 426.7)$

平均风速 $X_3^{(0)} = (2.1, 1.7, 1.5, 0.9, 1.0, 1.5, 1.4, 1.2)$

废气排放量 $X_4^{(0)} = (4159887, 3290210, 2817728, 3531403, 4705848, 7372387, 7915628, 1043.31)$

建城区面积 $X_5^{(0)} = (148, 162, 186.97, 203.77, 231, 283, 395, 451.38)$

人口 $X_6^{(0)} = (293.1624, 378.2534, 383.0390, 510.2553, 533.2127, 647.28, 650.7, 656.5)$

根据灰色理论，$X_i^{(1)}$ 为 $X_i^{(0)}$ 的 1-AGO 序列，

$X_1^{(1)} = (14.4, 29.5, 44.6, 59, 73.9, 89, 104.3, 118.9)$

$X_2^{(1)} = (531.1, 1131.6, 1721.1, 2604.3, 3145.7, 3806, 4310.4, 4737.1)$

$X_3^{(1)} = (2.1, 3.8, 5.3, 6.2, 7.2, 8.7, 10.1, 11.3)$

$X_4^{(1)} = (416, 745, 1027, 1380, 1851, 2588, 3379, 4422)$

$X_5^{(1)} = (148, 310, 497, 701, 932, 1215, 1610, 2061)$

$X_6^{(1)} = (293, 671, 1054, 1564, 2097, 2744, 3395, 4052)$

通过公式计算，得紧邻矩阵 Z：

$Z_1^{(1)} = (21.95, 37.05, 51.8, 66.45, 81.45, 96.65, 111.6)$

$Z_2^{(1)} = (831.35, 1426.35, 2162.7, 2875, 3475.85, 4058.2, 4523.75)$

$Z_3^{(1)} = (2.95, 4.55, 5.75, 6.7, 7.95, 9.4, 10.7)$

$Z_4^{(1)} = (580.5, 886, 1203.5, 1615.5, 2219.5, 2983.5, 3900.5)$

$Z_5^{(1)} = (229, 403.5, 599, 816.5, 1073.5, 1412.5, 1835.5)$

$Z_6^{(1)} = (482, 862.5, 1309, 1830.5, 2420.5, 3069.5, 3723.5)$

2. 城市热岛效应横向关系模型构建

根据 GM $(0, N)$ 模型，构建模型为

$$X_1^{(1)} = b_1 X_2^{(1)} + b_2 X_3^{(1)} + b_3 X_4^{(1)} + b_4 X_5^{(1)} + b_5 X_6^{(1)} + b_6 \tag{8.3}$$

令

$$Y = \left[x_1^{(1)}(2), x_1^{(1)}(3), \cdots, x_1^{(1)}(8) \right]^{\mathrm{T}}$$
$$C = \left[b_1, b_2, \cdots, b_6 \right]^{\mathrm{T}}$$
$$B = \begin{pmatrix} x_2^{(1)}(2) & x_3^{(1)}(2) & x_6^{(1)}(2) & 1 \\ x_2^{(1)}(3) & & & \\ \vdots & & \ddots & \\ x_2^{(1)}(8) & x_3^{(1)}(8) & x_6^{(1)}(8) & 1 \end{pmatrix}$$

则有 $Y = B C$，从而 $C = (B^{\mathrm{T}} B)^{-1} B^{\mathrm{T}} Y$

其中，$Y = [29.5, 44.6, 59, 73.9, 89, 104.3, 118.9]^T$

$$B = \begin{pmatrix} 1131.6 & 3.80745 & 310 & 671 & 1 \\ 1721.1 & 5.301027 & 497 & 1054 & 1 \\ 2604.3 & 6.201380 & 701 & 1564 & 1 \\ 3145.7 & 7.201851 & 932 & 2097 & 1 \\ 3806.0 & 8.702588 & 1215 & 2744 & 1 \\ 4310.4 & 10.13379 & 1610 & 3395 & 1 \\ 4737.1 & 11.34422 & 2061 & 4052 & 1 \end{pmatrix}$$

$C = (b_1, b_2, \cdots, b_6)^T$ 对参数列 C 进行最小二乘估计。

（1）利用最小二乘法进行参数估计

最小二乘法在我们研究两个变量 (x, y) 之间的相互关系时，通常可以得到一系列预测值 x_i 和实测值 y_i 成对的数据 $(x_1, y_1; x_2, y_2、\cdots x_m, y_m)$；与利用公式计算值的离差的平方和最小为"优化判据"。我们要做的就是使误差的平方和最小。对于试验数据 x_i（$i \in N^*$），使得 $M = \sum_{i=1}^{n}[y_i - (ax_i + b)]^2$ 最小，根据二元函数取极值必须有

$$\begin{cases} \dfrac{\partial M}{\partial a} = 2\sum_{i=1}^{n}[y_i - (ax_i + b)]x_i = 0 \\ \dfrac{\partial M}{\partial b} = \sum_{i=1}^{n}[y_i - (ax_i + b)] = 0 \end{cases} \tag{8.4}$$

若成立，则

$$\begin{cases} \dfrac{\partial M}{\partial a} = \sum_{i=1}^{n}[y_i - (ax_i + b)]x_i = \sum_{i=1}^{n}x_iy_i - a\sum_{i=1}^{n}x_i^2 = nb = 0 \\ \dfrac{\partial M}{\partial b} = \sum_{i=1}^{n}[y_i - (ax_i + b)] = \sum_{i=1}^{n}y_i - a\sum_{i=1}^{n}x_i^2 = nb = 0 \end{cases} \tag{8.5}$$

联立，得

$$\begin{cases} a = \dfrac{n\sum_{i=1}^{n}x_iy_i - \sum_{i=1}^{n}x_i\sum_{i=1}^{n}y_i}{n\sum_{i=1}^{n}x_i^2 - (\sum_{i=1}^{n}x_i)^2} \\ b = \dfrac{\sum_{i=1}^{n}y_i}{n} - \dfrac{b\sum_{i=1}^{n}x_i}{n} \end{cases} \tag{8.6}$$

根据最小二乘法公式式（8.4）、式（8.5）、式（8.6）的原理，对城市热岛效应横向关系模型参数进行估计，求解得系数矩阵：

第 1 列	第 2 列	第 3 列	第 4 列	第 5 列	第 6 列
1131.6000	3.8000	745.0000	310.0000	671.0000	1.0000
1721.1000	5.3000	1027.0000	497.0000	1054.0000	1.0000
2604.3000	6.2000	1380.0000	701.0000	1564.0000	1.0000
3145.7000	7.2000	1851.0000	932.0000	2097.0000	1.0000
3806.0000	8.7000	2588.0000	1215.0000	2744.0000	1.0000
4310.4000	10.1000	3379.0000	1610.0000	3395.0000	1.0000
4737.1000	11.3000	4422.0000	2061.0000	4052.0000	1.0000

右边向量：

$$\begin{pmatrix} 29.5000 \\ 44.6000 \\ 59.0000 \\ 73.9000 \\ 89.0000 \\ 104.3000 \\ 118.9000 \end{pmatrix}$$

解如下：

$$\begin{pmatrix} 0.0042 \\ 3.4683 \\ -0.0131 \\ 0.0230 \\ 0.0164 \\ 3.3367 \end{pmatrix}$$

即 $C = (b_1,\ b_2,\ \cdots,\ b_6)^{\mathrm{T}} = (0.0042,\ 3.4683,\ -0.0131,\ 0.0230,\ 0.0164,\ 3.3367)^{\mathrm{T}}$

得到横向关系模型为

$$X_1^{(1)} = 0.0042X_2^{(1)} + 3.4683X_3^{(1)} - 0.0131X_4^{(1)} + 0.0230X_5^{(1)} + 0.0164X_6^{(1)} + 3.3367 \quad (8.7)$$

（2）模型精度验证

将 $X_2^{(1)} = (531.1,\ 1131.6,\ 1721.1,\ 2604.3,\ 3145.7,\ 3806,\ 4310.4,\ 4737.1)$，

$X_3^{(1)} = (2.1,\ 3.8,\ 5.3,\ 6.2,\ 7.2,\ 8.7,\ 10.1,\ 11.3)$，

$X_4^{(1)} = (416,\ 745,\ 1027,\ 1380,\ 1851,\ 2588,\ 3379,\ 4422)$，

$X_5^{(1)} = (148,\ 310,\ 497,\ 701,\ 932,\ 1215,\ 1610,\ 2061)$，

$X_6^{(1)} = (293,\ 671,\ 1054,\ 1564,\ 2097,\ 2744,\ 3395,\ 4052)$

带入模型中，得到模拟的 X_1 数据为

$X_1^{(1)}(1)\hat{} = 15.61$，$X_1^{(1)}(2)\hat{} = 29.64$，$X_1^{(1)}(3)\hat{} = 44.19$，$X_1^{(1)}(4)\hat{} = 59.47$，

$X_1^{(1)}(5)\hat{} = 73.10$，$X_1^{(1)}(6)\hat{} = 88.54$，$X_1^{(1)}(7)\hat{} = 104.91$，$X_1^{(1)}(8)\hat{} = 118.35$，

通过与真实数据 $X_1^{(1)} = (14.4,\ 29.5,\ 44.6,\ 59,\ 73.9,\ 89,\ 104.3,\ 118.9)$ 进行误差计算，设相对误差为 ξ_k，平均相对误差为 ξ，根据计算公式：

$$\xi_k = |X_1^{(1)}\hat{} - X_1^{(1)}| / X_1^{(1)} \quad k = (1,\ 2,\ \cdots,\ 8)$$

$$\xi = 1/n \sum \xi_k \quad (8.8)$$

经过计算，横向关联模型的精度计算结果见表8.1。

表 8.1　横向 GM（0，N）模型精度计算表

序号	实际数据	模拟数据	残差	相对误差 ξ_k/%	平均相对误差 ξ/%
2	29.5	29.64	0.14	0.47	
3	44.6	44.19	−0.41	0.89	
4	59	59.47	0.47	0.79	
5	73.9	73.10	−0.8	1.08	0.68
6	89	88.54	−0.46	0.51	
7	104.3	104.91	0.61	0.58	
8	118.9	118.35	−0.55	0.46	

根据邓聚龙教授在灰色系统理论中提出的精度等级划分标准，精度等级表见表 8.2。

表 8.2　精度等级表

精度等级	相对误差/%
一级	1
二级	5
三级	10
四级	20

通过分析可以发现，GM（0，N）模型的模拟值误差最大的为 1.08%，最小的为 0.46%，平均相对误差为 0.68%，可见，该模型为一级精度模型，表明模型相关参数设置达到了模拟要求，能够较好地模拟西安市城区地表温度与各影响因素之间的内在联系，进一步揭示了西安市城市热岛效应的主要成因。

8.3　基于改进的 GM（1，1）模型的纵向模拟预测模型 GM-E-UHI 构建

8.3.1　基于灰色 GM（1，1）模型的模拟

GM（1，1）模型的模拟预测原理如下。

设 $X^{(0)} = (x^{(0)}(1), x^{(0)}(2), \cdots, x^{(0)}(n))$，$X^{(1)} = (x^{(1)}(1), x^{(1)}(2), \cdots, x^{(1)}(n))$，$Z^{(1)}$ 为 $X^{(1)}$ 的紧邻均值生成序列，$Z^{(1)}(k) = 1/2[X^{(1)}k + X^{(1)}(k-1)]$，则称式（8.9）为 GM（1，1）模型的基本形式。

$$x^{(0)}(k) + aZ^{(1)}(k) = b \tag{8.9}$$

根据 GM（1，1）模型，系统特征数据序列温度为

$X_1^{(0)} = (14.4, 15.1, 15.1, 14.4, 14.9, 15.1, 15.3, 14.6)$

$X_1^{(1)}$ 为 $X_1^{(0)}$ 的 1-AGO 序列，有

$X_1^{(1)} = (14.4, 29.5, 44.6, 59, 73.9, 89, 104.3, 118.9)$

$X_1^{(1)}$ 紧邻矩阵 $Z_1^{(1)}$ 为

$Z_1^{(1)} = (21.95, 37.05, 51.8, 66.45, 81.45, 96.65, 111.6)$

令

$$B = \begin{pmatrix} -Z^{(1)}(2)\,1 \\ -Z^{(1)}(3)\,1 \\ -Z^{(1)}(4)\,1 \\ -Z^{(1)}(5)\,1 \\ -Z^{(1)}(6)\,1 \\ -Z^{(1)}(7)\,1 \\ -Z^{(1)}(8)\,1 \end{pmatrix} \qquad Y = \begin{pmatrix} X_1^{(0)}(2) \\ X_1^{(0)}(3) \\ X_1^{(0)}(4) \\ X_1^{(0)}(5) \\ X_1^{(0)}(6) \\ X_1^{(0)}(7) \\ X_1^{(0)}(8) \end{pmatrix}$$

则有 $A = (B^{\mathrm{T}}B)^{-1}B^{\mathrm{T}}Y$

根据最小二乘法公式式（8.4）、式（8.5）、式（8.6）的原理，求解基于灰色 GM（1，1）模型的系数矩阵 A：

$$\begin{pmatrix} 第1列 & 第2列 \\ -21.9500 & 1.0000 \\ -37.0500 & 1.0000 \\ -51.8000 & 1.0000 \\ -66.4500 & 1.0000 \\ -81.4500 & 1.0000 \\ -96.6500 & 1.0000 \\ -111.6000 & 1.0000 \end{pmatrix}$$

右边向量 $b = [15.1000, 15.1000, 14.4000, 14.9000, 15.1000, 15.3000, 14.6000]^{\mathrm{T}}$

解为 $A = [0.0010, 14.9925]^{\mathrm{T}}$

可得 $A = (a, b)^{\mathrm{T}}$，$a = 0.0010$，$b = 14.9925$

即确定的模型为

$$dx(1) / dt - 0.0010\,x(1) = 14.9925$$

时间响应式为

$$X_1(1)(k)\hat{} = (X_1^{(0)}(1) - b/a)\,e^{-a(k-1)} + b/a$$

将 $a = 0.0010$，$b = 14.9925$ 带入，得

$$X_1^{(1)}(k)\hat{} = -14978.1e^{-0.001(k-1)} + 14992.5 \qquad (8.10)$$

式中，t 为年份，$t = 1994 + k$，$k = (1, 5, 6, 10, 12, 16, 17, 19)$。

式中，

$e^{-0.001} = 0.999$，$e^{-0.002} = 0.99802$，$e^{-0.003} = 0.99704$，$e^{-0.004} = 0.996008$，$e^{-0.005} = 0.995012$

$e^{-0.006} = 0.994018$，$e^{-0.007} = 0.993024$，$e^{-0.008} = 0.992032$，$e^{-0.009} = 0.99104$，$e^{-0.010} = 0.99005$

$e^{-0.011} = 0.98906$，$e^{-0.012} = 0.98807$，$e^{-0.013} = 0.98708$，$e^{-0.014} = 0.98609$，$e^{-0.015} = 0.985112$

$e^{-0.016} = 0.984127$，$e^{-0.017} = 0.983143$，$e^{-0.018} = 0.982161$

代入公式，经计算，各期温度预测值为

$X_1^{(1)} (1)\hat{} = 29.3781$

$X_1^{(1)} (5)\hat{} = 44.05664$

$X_1^{(1)} (6)\hat{} = 58.73518$

$X_1^{(1)} (10)\hat{} = 74.19258$

$X_1^{(1)} (12)\hat{} = 89.11076$

$X_1^{(1)} (16)\hat{} = 103.999$

$X_1^{(1)} (17)\hat{} = 118.8872$

$X_1^{(1)} (19)\hat{} = 133.7455$

$X_1^{(1)} = (14.4, 29.5, 44.6, 59, 73.9, 89, 104.3, 118.9)$

根据 $X_1^{(0)} (k)\hat{} = X_1^{(1)} (k)\hat{} - X_1^{(1)} (k-1)\hat{}$，计算得

$X_1^{(0)}\hat{} = (14.9781, 14.67854, 15.4574, 14.91818, 14.88824, 14.8882, 14.8583)$

$X_1^{(0)} = (15.1, 15.1, 14.4, 14.9, 15.1, 15.3, 14.6)$

设相对误差为 Δ_k，平均相对误差为 Δ，根据计算公式：

$$\Delta_k = | X_1^{(0)}\hat{} - X_1^{(0)} | / X_1^{(0)} \quad k = (2, \cdots, 8) \tag{8.11}$$

$$\Delta = 1/n \sum \Delta_k \tag{8.12}$$

经过计算，纵向模拟与预测模型的精度计算结果见表 8.3。

表 8.3 纵向模型精度计算表

序号	实际数据	模拟数据	残差	相对误差 $\Delta k/\%$	平均相对误差 $\Delta/\%$
2	15.1	14.9781	-0.1219	0.81	
3	15.1	14.67854	-0.42146	2.79	
4	14.4	15.4574	1.0574	7.34	
5	14.9	14.91818	0.01818	0.12	2.4171
6	15.1	14.88824	-0.21176	1.40	
7	15.3	14.8882	-0.4118	2.69	
8	14.6	14.8583	0.2583	1.77	

常用的灰色理论模拟精度检验等级划分（刘思峰和谢乃明，2008）见表 8.4 所示。

表 8.4 模型精度评价表

精度等级	相对误差/%
一级	1
二级	5

精度等级	相对误差/%
三级	10
四级	20

通过分析可以发现灰色模型的平均模拟误差为 2.42%，达到二级。

8.3.2 改进的 GM-E-UHI 纵向模型构建方法

原始数据共 8 期，数量较少，适合使用灰色模型进行预测。GM（1，1）模型是对自身的预测，不含变量。指数平滑法（exponential smoothing，ES）是由布朗提出的，是预测中常用的一种方法。他认为时间序列的态势具有稳定性或规则性，所以可以被合理顺势推延，并且最临近的过去态势在某种程度上会持续，所以应该将较大的权重放在较近的数据中。全期平均法对时间数列的过去数据赋予同等权重；移动平均法给予近期数据更大的权重，不考虑远期数据；而指数平滑法兼容了两者所长，对于远期数据赋予逐渐减小的权数重。

本章基于灰色模型 GM（1，1）模型，引入指数平滑的特性，利用灰色优势和时间权重优势对原有模型进行扩展集成，建立用于城市热岛效应分析的改进后的 UHI-G-ES 纵向模型，实现一种城市热岛效应演化模拟与预测评价的量化方法，对研究区未来城市热岛效应情况进行模拟与趋势预测分析。利用灰色模型的时间动态和指数平滑中的加权移动平均法在模型中给予近期数据更大的权重的优势，实现对城市热岛效应动态演化规律的探索与分析，克服常见的线性回归预测、指数预测和灰色预测各自的不足，为城市热岛效应的趋势预测研究提供有益的参考。

根据 GM（1，1）模型，西安市城区平均温度为

$$X_1^{(1)}(k)\,\hat{} = \left(X_1^{(0)}(1) - b/a\right)e^{-a(k-1)} + b/a \tag{8.13}$$

式中，t 为年份，$t = 1994 + k$，$k =$（1，5，6，10，12，16，17，19）。

根据一次指数平滑预测，其预测公式为

$$F(t+1) = mY(t) + (1-m)F(t) \tag{8.14}$$

式中，$F(t+1)$ 为 $t+1$ 时期的预测值；$Y(t)$ 为 t 时期的实际值；$F(t)$ 为 t 时期的预测值；m 为平滑常数，取值范围为 [0，1]。可见，下期预测值是本期预测值与以 m 为权重的本期实际值与预测值误差之和。平滑常数 m 是调节影响程度的关键。

根据指数平滑法有

$$X_1^{(1)}(t+1)\,\hat{} = mX_1^{(1)}(t) + (1-m)X_1^{(1)}(t) \tag{8.15}$$

将式（8.13）带入式（8.15）得

$$X_1^{(1)}(k+1)\,\hat{} = m\,X_1^{(1)}(k) + (1-m)\left(X_1^{(0)}(1) - b/a\right)e^{-a(k-1)} + (1-m)\,b/a \tag{8.16}$$

其形式可以记为

$$X_1^{(1)}(k+1)\,\hat{} = C_1 X_1^{(1)}(k) + C_2\,e^{-a(k-1)} + C_3 \tag{8.17}$$

式中，$C_1 = m$；$C_2 = (1-m)(X_1^{(0)}(1) - b/a)$；$C_3 = (1-m)b/a$，均待定。

该模型既考虑到城市热岛效应数据变化的灰色不确定性性质，又考虑到一般输入输出模型前期数据对后期数据的影响，即随着城市热岛效应纵向时间推移，前期数据对后期数据影响程度逐渐减弱的特性，是对灰色模型和普通数理模型的双重改进。

8.3.3　模型参数求解

1. 先求解参数 a

根据 GM（1，1）模型，系统特征数据序列温度为
$$X_1^{(0)} = (14.4, 15.1, 15.1, 14.4, 14.9, 15.1, 15.3, 14.6)$$
$X_1^{(1)}$ 为 $X_1^{(0)}$ 的 1-AGO 序列，有
$$X_1^{(1)} = (14.4, 29.5, 44.6, 59, 73.9, 89, 104.3, 118.9)$$
$X_1^{(1)}$ 紧邻矩阵 $Z_1^{(1)}$ 为
$$Z_1^{(1)} = (21.95, 37.05, 51.8, 66.45, 81.45, 96.65, 111.6)$$
令
$$B = [-Z^{(1)}(2)\ 1, -Z^{(1)}(3)\ 1, -Z^{(1)}(4)\ 1, -Z^{(1)}(5)\ 1,$$
$$-Z^{(1)}(6)\ 1, -Z^{(1)}(7)\ 1, -Z^{(1)}(8)\ 1]^T$$
$Y = [X_1^{(0)}(2), X_1^{(0)}(3), X_1^{(0)}(4), X_1^{(0)}(5), X_1^{(0)}(6), X_1^{(0)}(7), X_1^{(0)}(8)$

则有 $A = (B^TB)^{-1}B^TY]^T$

根据最小二乘法公式式（8.4）、式（8.5）、式（8.6）的原理，求解改进的纵向模型的系数矩阵 A：

第 1 列 $[-21.9500, -37.0500, -51.8000, -66.4500, -81.4500, -96.6500, -111.6000]^T$

第 2 列 $[1.0000, 1.0000, 1.0000, 1.0000, 1.0000, 1.0000, 1.0000]^T$

右边向量 $b = [15.1000, 15.1000, 14.4000, 14.9000, 15.1000, 15.3000, 14.6000]^T$

解如下：$A = [0.0010, 14.9925]^T$

可得 $A = (a, b)^T$，$a = 0.0010$，$b = 14.9925$。其中，b 待修正，m 待定。

2. 求解 C_1、C_2、C_3

对于式（8.17）中的 C_1，C_2 和 C_3，令
$$X_1^{(1)} = [X_1^{(1)}(2), X_1^{(1)}(3), X_1^{(1)}(4), X_1^{(1)}(5), X_1^{(1)}(6), X_1^{(1)}(7), X_1^{(1)}(8)]^T$$
$$C = [C_1, C_2, C_3]^T$$
$A = [X_1^{(1)}(1)\ e^{-0.004}\ 1, X_1^{(1)}(2)\ e^{-0.005}\ 1, X_1^{(1)}(3)\ e^{-0.009}\ 1, X_1^{(1)}(4)\ e^{-0.011}\ 1,$
$X_1^{(1)}(5)\ e^{-0.015}\ 1, X_1^{(1)}(6)\ e^{-0.016}\ 1, X_1^{(1)}(7)\ e^{-0.018}\ 1]^T$

根据最小二乘法公式，则有

$$X_1^{(1)} = AC$$

式中，

$e^{-0.001} = 0.999$，$e^{-0.002} = 0.99802$，$e^{-0.003} = 0.99704$，$e^{-0.004} = 0.996008$，$e^{-0.005} = 0.995012$

$e^{-0.006} = 0.994018$，$e^{-0.007} = 0.993024$，$e^{-0.008} = 0.992032$，$e^{-0.009} = 0.99104$，$e^{-0.010} = 0.99005$

$e^{-0.011} = 0.98906$，$e^{-0.012} = 0.98807$，$e^{-0.013} = 0.98708$，$e^{-0.014} = 0.98609$，$e^{-0.015} = 0.985112$

$e^{-0.016} = 0.984127$，$e^{-0.017} = 0.983143$，$e^{-0.018} = 0.982161$

代入系数矩阵 A

第 1 列：$[14.4000, 29.5000, 44.6000, 59.0000, 73.9000, 89.0000, 104.3000]^T$

第 2 列：$[0.9960, 0.9950, 0.9910, 0.9891, 0.9851, 0.9841, 0.9822]^T$

第 3 列：$[1.0000, 10000, 10000, 10000, 10000, 10000, 10000]^T$

右边向量 $X_1^{(1)} = [29.5000, 44.6000, 59.0000, 73.9000, 89.0000, 104.3000, 118.9000]^T$

解如下：$C = [0.9940, -30.0757, 45.0253]^T$，即

$$C_1 = 0.9940, \quad C_2 = -30.0757, \quad C_3 = 45.0253$$

式中，$C_1 = m$，$C_2 = (1-m)(X_1^{(0)}(1) - b/a)$，$C_3 = (1-m)b/a$，$a = 0.0010$，$X_1^{(0)}(1) = 14.4$

通过求解，可得

$$m = 0.9940, \quad b = 7.5$$

UHI-G-ES 纵向模型为

$$X_1^{(1)}(k+1)\char`^ = 0.9940 X_1^{(1)}(k) - 30.0757 e^{-0.001(k-1)} + 45.0253 \tag{8.18}$$

式中，t 为年份，$t = 1994 + k$，$k = (1, 5, 6, 10, 12, 16, 17, 19)$。

8.3.4　基于 UHI-G-ES 的西安市城市热岛效应纵向模拟预测

1. 西安市城市热岛效应模拟

通过建模进行多期城市热岛效应数据模拟，用得到的多期模拟结果与西安市统计年鉴数据相比较进行精度检验，评价模拟精度。

根据 UHI-G-ES 模型，求得的各期温度模拟值为

$X_1^{(1)}(1)\char`^ = 29.2632$

$X_1^{(1)}(5)\char`^ = 44.3927$

$X_1^{(1)}(6)\char`^ = 59.432$

$X_1^{(1)}(10)\char`^ = 73.8651$

$X_1^{(1)}(12)\char`^ = 88.7352$

$X_1^{(1)}(16)\char`^ = 103.8634$

$X_1^{(1)}$（17）^=119.1012

$X_1^{(1)}$（19）^=133.6727

$X_1^{(1)}$ = （14.4，29.5，44.6，59，73.9，89，104.3，118.9）

根据 $X_1^{(0)}$（k）^= $X_1^{(1)}$（k）^- $X_1^{(1)}$（k-1）^，计算得

$X_1^{(0)}$^= （15.1295，15.0393，14.4331，14.8701，15.1282，15.2378，14.5715）

2. 模拟精度评价

模型精度评价是模拟预测分析过程中必不可少的步骤。本章对该城市热岛效应预测模型的预测精度进行评价。基于上述参数设置，首先模拟了 1995 ~ 2013 年西安市城市的平均温度，再与西安市历年统计年鉴中的平均城区温度值进行对比分析，通过误差评价公式计算误差，再根据误差评价指标对 UHI-G-ES 模型进行模拟精度评价。

（1）误差计算

通过 UHI-G-ES 模型计算获得的 1999 年、2000 年、2004 年、2006 年、2010 年、2011 年、2013 年的预测温度为

X_1（0）^= （15.1295，15.0393，14.4331，14.8701，15.1282，15.2378，14.5715）

西安市同样年份统计年鉴中的年平均城区温度值为

$$X_1^{(0)} = （15.1，15.1，14.4，14.9，15.1，15.3，14.6）$$

设相对误差为 Δ_k，平均相对误差为 Δ，根据计算公式：

$$\Delta_k = \mid X_1^{(0)}\text{^}- X_1^{(0)} \mid / X_1^{(0)}k = （5，6，10，12，16，17，19） \quad (8.19)$$

$$\Delta = 1/n \sum \Delta_k \quad (8.20)$$

经过计算，纵向模拟与预测模型的精度计算结果见表 8.5。

表 8.5　纵向模型精度计算表

序号	实际数据	模拟数据	残差	相对误差 Δk/%	平均相对误差 Δ/%
2	15.1	15.1295	0.0295	0.195	
3	15.1	15.0393	−0.0607	0.402	
4	14.4	14.4331	0.0331	0.229	
5	14.9	14.8701	−0.0299	0.201	0.259
6	15.1	15.1282	0.0282	0.187	
7	15.3	15.2378	−0.0622	0.407	
8	14.6	14.5715	−0.0285	0.195	

（2）精度评价

常用的灰色理论预测精度检验等级划分（刘思峰和谢乃明，2008）见表 8.6。

表 8.6　模型精度评价表

精度等级	相对误差/%
一级	1
二级	5
三级	10
四级	20

通过分析可以发现 UHI-G-ES 模型的模拟值误差均小于 1%，达到了一级精度，最大的为 0.407%，最小的为 0.187%，平均相对误差为 0.259%，表明模型相关参数设置成功达到了模拟与预测要求。

通过对灰色模型进行改进，模拟误差由 2.42% 降低到了 0.259%，从二级精度提高到了一级精度，可以依据此模型进行未来西安市城市热岛效应发展趋势的预测分析。

3. 灾变预测

以 2013 年的实际温度为基数，根据 UHI-G-ES 模型预测 2014~2025 年的西安市城区平均温度，根据 UHI-G-ES 模型公式，取 $k = 20$，21，$\cdots$，31，经过计算得

2014 年，$X_1^{(1)}(20)\hat{} = 30.0280$

2015 年，$X_1^{(1)}(21)\hat{} = 45.3930$

2016 年，$X_1^{(1)}(22)\hat{} = 60.6952$

2017 年，$X_1^{(1)}(23)\hat{} = 75.9351$

2018 年，$X_1^{(1)}(24)\hat{} = 91.1129$

2019 年，$X_1^{(1)}(25)\hat{} = 106.2290$

2020 年，$X_1^{(1)}(26)\hat{} = 121.2838$

2021 年，$X_1^{(1)}(27)\hat{} = 136.2776$

2022 年，$X_1^{(1)}(28)\hat{} = 151.2107$

2023 年，$X_1^{(1)}(29)\hat{} = 166.0835$

2024 年，$X_1^{(1)}(30)\hat{} = 180.8963$

2025 年，$X_1^{(1)}(31)\hat{} = 195.6494$

根据 $X_1^{(0)}(k)\hat{} = X_1^{(1)}(k) - X_1^{(1)}(k-1)$，计算得

2014 年，$X_1^{(0)}(20) = 15.4280$

2015 年，$X_1^{(0)}(21) = 15.3650$

2016 年，$X_1^{(0)}(22) = 15.3022$

2017 年，$X_1^{(0)}(23) = 15.2399$

2018 年，$X_1^{(0)}(24) = 15.1778$

2019 年，$X_1^{(0)}(25) = 15.1161$

2020 年，$X_1^{(0)}(26) = 15.0548$

2021 年，$X_1^{(0)}(27) = 14.9938$

2022 年，$X_1^{(0)}$（28）= 14.9331

2023 年，$X_1^{(0)}$（29）= 14.8728

2024 年，$X_1^{(0)}$（30）= 14.8128

2025 年，$X_1^{(0)}$（31）= 14.7531

利用 2014 年《西安市统计年鉴》资料进行验证，2014 年西安市市区的年平均气温为 15.8℃，经验证，误差为 2.35%，可见预测较为准确。

模拟预测结果如图 8.1 所示。

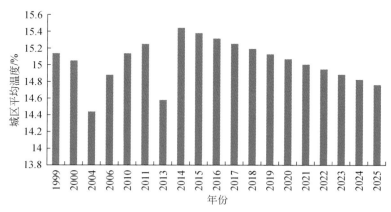

图 8.1　西安市城区模拟与预测平均温度趋势图

4. 模拟预测结果评价

1995～2025 年西安市城市年平均温度预测结果表明，1999～2013 年，西安市年平均温度呈上下波动趋势，最高温度出现在 2011 年，为 15.2378℃，最低温度出现在 2004 年，为 14.4331℃，通过利用西安市统计年鉴数据进行验证，模拟结果与实际年平均温度误差极小。因此，可以使用该模型进行预测，2015～2025 年西安市的年平均温度呈缓慢下降趋势，最低温度出现在 2025 年，为 14.7531℃。根据西安市 60 多年来的气象资料可知，西安市 60 年来的年平均气温约为 13.7℃（万红莲，2010），那么从 1995～2025 年西安市城市年平均温度的模拟预测结果来看，其均高于近 60 年来的年平均温度，同样说明西安市存在明显的城市热岛效应现象。如果西安市市区平均温度高于历年来的年平均气温 13.7℃，可以在宏观上认为城市热岛效应较为明显，即为城市热岛效应突出年，则可以推测 2014～2025 年均为城市热岛效应年。

8.4　本 章 小 结

本章以西安市为研究对象，以 1995～2013 年的统计年鉴西安市城区年平均温度变化为基础，基于灰色 GM（0，N）模型构建了西安市城市热岛效应的横向模拟模型，基于改进的灰色（1，1）模型构建了西安市城市热岛效应的纵向模拟预测模型。通过对模拟数据与统计年鉴真实数据进行精度检验，验证了模型的可行性，进一步预测了西安市 2014～

2025 年城市热岛效应和变化趋势。结果表明：

1）本章以西安市为例构建的城市热岛效应模拟横向关系模型 GM（0，N）是成功的，精度达到一级，可见自然因素和人为因素共同在城市热岛效应影响中占主导作用，不同的年份两种作用力合力的结果不同。

2）本章以西安市为例，构建了城市热岛效应模拟与预测纵向模型 UHI-G-ES，对 GM（1，1）模型进行了改进，改进后的模型精度从二级提高到一级。

3）通过 UHI-G-ES 模型的模拟与预测，1999~2014 年西安市的年平均气温呈上下波动趋势，最高温度出现在 2011 年，为 15.2378℃，最低温度出现在 2004 年，为 14.4331℃，与实际温度误差极小。2015~2025 年，最低温度出现在 2025 年，为 14.7531℃。

4）笔者从宏观上认为，西安市城区年平均气温 T>历年来的年平均气温 13.7℃就是城市热岛效应突出，则可以推测 2014~2025 年均为热岛效应年。

参 考 文 献

刘思峰，谢乃明. 2008. 灰色系统理论及其应用（第四版）. 北京：科学出版社.

刘小艳，宁海文，杜继稳. 2009. 近56年来西安市气温突变与致灾效应. 干旱区资源与环境，23（11）：94-99.

万红莲. 2010. 近60年来西安市气温与降水量变化的关系研究. 江西农业学报，22（1）：81-83.

许申平. 2010. 灰色 GM（1，1）模型及其应用. 杭州师范大学.

张勇，刘婵，姚亚平. 2014. GM（1，N）与 GM（0，N）模型在能源消费碳排放预测中的比较研究. 数学的实践与认识，（5）：72-79.

Takagi T，Sugeno M. 1985. Fuzzy identification of systems and its applications to modeling and control. IEEE Trans. Systems，Man and Cybernetics，15（1）：116-132.